Itzehoe

Katrin Götz
Michael Ruff

Stadtgespräche aus

Itzehoe

Katrin Götz

Michael Ruff

GMEINER

Besuchen Sie uns im Internet:
www.gmeiner-verlag.de

Im Ehnried 5, 88605 Meßkirch
Telefon 07575 / 2095-0
info@gmeiner-verlag.de

1. Auflage 2013

Lektorat / Redaktion: Ricarda Dück
Satz: Alexander Somogyi
Umschlaggestaltung: U.O.R.G., Lutz Eberle, Stuttgart
unter Verwendung von Fotos von Michael Ruff
Bildbearbeitung: Alexander Somogyi
Kartendesign: Alexander Somogyi
Druck: AZ Druck und Datentechnik GmbH, Kempten
Printed in Germany
ISBN 978-3-8392-1476-3

1 Eine Kämpfernatur ///
Roswitha von Mach im Steilingsgang 11
2 Die Mutter des Viertels ///
Marga Behrmann im Wohnpark ›Klosterforst‹ 17
3 Ein gescheiterter Gründer ///
Gustav Ludwig Alsen auf dem ›Alsen‹-Gelände 21
4 Der Mann mit der Melone ///
Mario Möller an der Bismarcksäule 23
5 Neues Leben in alten Häusern ///
Sören Zanner im Westerhof 27
6 Paddlerin aus Leidenschaft ///
Heike Ziems am Bootshaus der ›Wasser-Wanderer‹ 31
7 Träumender Trommelbauer ///
Bülent E. Kürkcü im Prinzeßhofpark 35
8 Geschichtsträchtiger Arbeitsplatz ///
Günter Reinke im Historischen Rathaus 39
9 Wo Tegelhörns Herz schlägt ///
Dagmar Boldt am Ostlandplatz 45
10 Dialog gegen Vorurteile ///
Zehra Aydogdu in der Moschee in der Wilhelm-Biel-Straße 49
11 Aufbruch in ein neues Leben ///
Saim Krasniqi im Café ›Schwarz‹ 53
12 Erinnerungen an Zuhause ///
Dr. Jutta Hantschmann im ›Haus der Heimat‹ 59
13 Uhrmacher aus Berufung ///
Armin Mantei in der Feldschmiede 63
14 Der bunte Hund ///
Trotzki beim Dackelrennen vor dem Landgericht 69
15 Menschenfreundin im Dienst ///
Eva Ulrich in der Stadtkirche St. Laurentii 73

16 Gastgeber mit Starqualitäten ///
Jeffrey Littmann im Restaurant ›himmel + erde‹ 77
17 Landleben in der Stadt ///
Jens Frahm am Bellerkrug 79
18 In der Welt zu Hause ///
Renate Wilms-Marzisch am Sophie-Scholl-Gymnasium 83
19 Der Genussexperte ///
Manfred Kröger von der Firma ›Ernst Flickenschild‹ 89
20 Kindheit in der Idylle ///
Waltraut Zorn im Klosterhof 93
21 Hilfe in fremden Ländern ///
Thorsten Madüske beim THW in der alten Gudewill-Kaserne 99
22 Musik für die Sinne ///
Richard Rossbach im Tonstudio ›ImHouse Music‹ am Liethberg 103
23 Ein Leben für die Schifffahrt ///
Herbert Karting aus der Breitenburger Straße 107
24 Im Dienst des Lesers ///
Heinz Longerich im ›Rundschau-Haus‹ 111
25 Für immer Punk ///
Werwolf am La-Couronne-Platz 117
26 Die Wohltäterin ///
Prinzessin Juliane im ›Julienstift‹ 121
27 Technologien für die Zukunft ///
Dr. Matthias Fryda im Unternehmen ›Condias‹ 123
28 Kunstvolle Täuschungen ///
Manuel Zint in der alten Sauerkrautfabrik 129
29 Harmonie der Gegensätze ///
Oliver Rau in der Schulstraße 133

30 Leben für die Bühne ///
Regina Mehlmann im ›theater itzehoe‹ 137
31 Wein, Weib und Gesang ///
Atze in der ›Piano-Bar‹ 141
32 Rituale unterm Sternenhimmel ///
Peter Franzke im Logenhaus in der Poststraße 147
33 Einkaufen wie früher ///
Kerrit Kunert auf dem Wochenmarktplatz 151
34 Weinhändler mit Autogrammkarte ///
Heinz Pfingsten im ›Historischen Weinhaus‹ 153
35 Basketball beflügelt ///
Johannes Konradt in der Sporthalle am Lehmwohld 159
36 Der musikalische Trainer ///
Ralf Kröger im Kulturhof 163
37 Ein Visionär ///
Wenzel Hablik in der Reichenstraße 167
38 Der Störvater von der Stör ///
Uwe Jens Lützen am Suder Hafen 169
39 Spaß in der Kultbude ///
Werner Frings auf dem Weihnachtsmarkt
in der Breiten Straße 173
40 Aufruf zur Gemeinsamkeit ///
Martin Kayenburg im Familienzentrum St. Ansgar 177

Bildverzeichnis 184
Quellenverzeichnis 185

»Und Er ist wohl gar, Mußjö,
der lange Peter aus Itzehö?«

Marketenderin in Friedrich Schillers ›Wallensteins Lager‹ aus dem Jahr 1798

Dem großen Dichter verdankt Itzehoe einen der schmerzhaftesten Reime sowie den Namen für eine der Hauptstraßen.

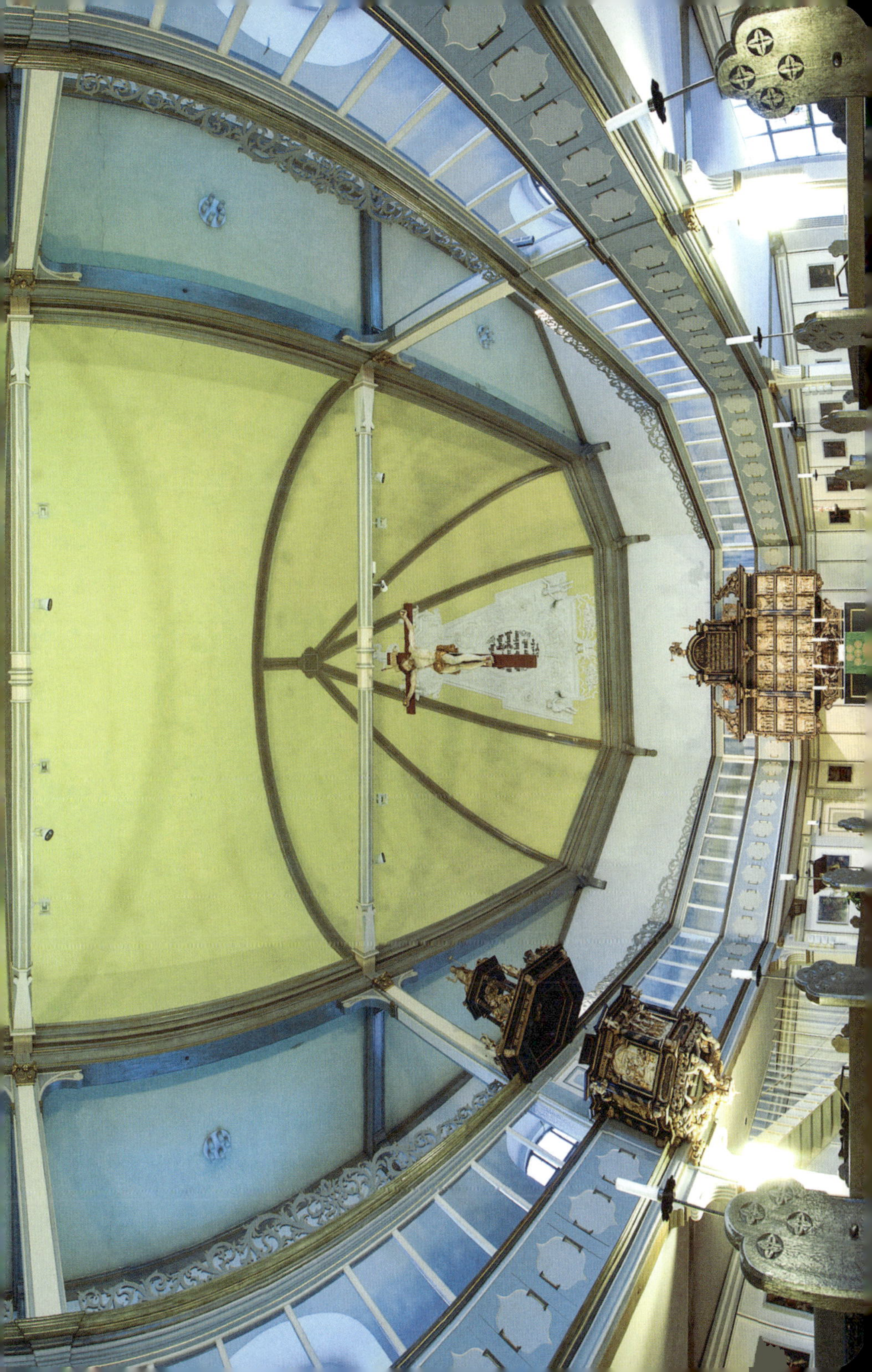

1

Eine Kämpfernatur

Roswitha von Mach im Steilingsgang

»Entschuldigung, wo bitte geht es denn hier zum Steilingsgang?« Es gibt wohl selbst unter alteingesessenen Itzehoern nicht viele, die darauf eine Antwort wissen. Die schmale Verbindung zwischen Kapellen- und Fischerstraße liegt versteckt und wirkt mit den kleinen Blumenbeeten eher wie ein Zugang zu einem Anwesen, nicht wie ein öffentlicher Weg. Roswitha von Mach hingegen würde ihn auch mit verbundenen Augen finden. Für sie bedeutet er nicht weniger als Heimat. Sie wurde im Haus mit der Nummer 2 geboren und lebt bis heute dort – und das ist weit weniger selbstverständlich, als es klingt. Eigentlich dürfte es das schmale Gebäude mit seinen steilen Treppen gar nicht mehr geben, denn es sollte in den 70er-Jahren im Zuge der Sanierung der Neustadt weichen. Nur weil Roswitha von Mach für den 1904 errichteten Bau kämpfte, blieb er erhalten. Es war eine harte Zeit, an die sich die Rentnerin nicht gerne erinnert. »Ich mag gar nicht daran denken«, sagt sie, als sie in den Unterlagen von damals blättert. »Ich habe die Sachen 20 Jahre nicht mehr angeschaut.« Die Wut und Enttäuschung sitzen nach wie vor tief.

Die Neustadt ist die Keimzelle Itzehoes. Dort auf der Insel, die von der Stör umflossen wurde, stand einst die erste Kaufmannssiedlung, der 1238 das Stadtrecht verliehen wurde. Über Jahrhunderte hinweg tobte rings um den Markt das Leben. »Wir brauchten das Viertel gar nicht zu verlassen, hier gab es alles«, berichtet Roswitha von Mach. »Wir hatten einen Zahnarzt, einen Hausarzt, eine Apotheke, Lebensmittelläden, einen Fahrradladen, Kohlenhändler und sogar eine Tankstelle. Was gab es eigentlich nicht?« Ihre Liebe zur Neustadt keimte bereits in frühen Tagen auf, als sie bei ihren Großeltern aufwuchs. »Opa war blind, deshalb musste ich ihn immer begleiten«, erklärt sie. »Er hat mir alles über die Gegend erzählt, er wusste genau Bescheid.« Besonders interessant war für die Kinder die Wache, die sich damals noch am Markt befand. »Wenn die Polizisten loszogen, sind wir hinterhergegangen«, erinnert sich die Neustädterin. Oft ging es dann zum Dampferplatz hinter dem heutigen

Nur wenige Altbauten der Neustadt, wie hier auf der Burg, blieben nach der Sanierung erhalten

Seniorenheim ›Haus an der Stör‹. Dort stand damals das ›Strandhotel‹, eine Unterkunft für Gestrandete. »Da durften wir Kinder nicht hin. Die Beamten waren fast jeden Tag dort.« Stattdessen tummelten sich die Kleinen an der Stör, an die Roswitha von Mach nur schöne Erinnerungen hat. »Sie wurde damals noch sauber gehalten, es gab sehr viel Leben am Fluss. Wir haben darin gebadet und geangelt, obwohl wir das nicht durften. Manchmal wurden Feste gefeiert, da waren die Boote bunt geschmückt.« Doch auch die Schattenseite erlebte sie mit: Bei der schweren Sturmflut 1962 schoss das Wasser aus den Dielen, ihre Großmutter stemmte sich gegen die Fenster, damit der Sturm sie nicht aufdrückte.

Doch im Laufe der Jahre verloren die Itzehoer ihre einst blühende Neustadt immer mehr aus den Augen. Der Fluss büßte als Transportweg an Bedeutung ein, der Handel veränderte sich, die Stör war in vielen Bereichen zur stinkenden Kloake verkommen. Auch die engen Gassen des Viertels entsprachen nicht mehr den Anforderungen des zunehmenden Verkehrs. Mehr und mehr entwickelte sich die Gegend um die St.-Laurentii-Kirche zum Zentrum. Als Konsequenz wurde Ende der 60er-Jahre die Sanierung der Neustadt beschlossen. Rigorose Eingriffe waren vorgesehen: Alte Häuser sollten abgerissen und durch große Blöcke ersetzt werden, sogar das mittelalterliche Straßennetz wurde komplett überplant. Zudem wurde entschieden, die Störschleife zuzuschütten.

»Anfangs haben wir dieses Sanierungsvorhaben gar nicht richtig mitgekriegt, das lief alles im Untergrund«, erklärt Roswitha von Mach. »Als wir 1973 einen Plan bekommen haben, erfuhren wir langsam, was drohte.« Erst später, im Nachhinein, konnte sie die damaligen Anzeichen im Viertel richtig deuten: Zum Beispiel, dass Geschäftsleute, die nicht gerne in der Neustadt wohnten, zunehmend ihre Häuser verkauften, oder dass die Gebäude systematisch dem Verfall preisgegeben wurden. »Uns war gesagt worden, dass wir nichts mehr daran machen dürfen«, erzählt die Itzehoerin. So sahen selbst Anwesen, die zuvor gepflegt waren, nach einer Weile schäbig aus. »Das war Taktik, damit sie nichts mehr wert sind.« Roswitha von Mach renovierte ihr Haus trotzdem, kämpfte gegen das Sanierungskonzept und ließ sich auch durch die Androhung der Zwangsenteignung nicht einschüchtern. Sie schloss sich mit ihrem Nachbarn Konrad Neitzel zusammen. Zum Bauamt gingen sie nur noch gemeinsam, boten den Beamten Paroli.

Anders als beim Kampf gegen die Zuschüttung der Störschleife zeigte es Wirkung. Die Pläne wurden von Architekt Julius Ehlers zu dem Zeitpunkt ohnehin überarbeitet, und der Steilingsgang blieb verschont. Familie von Mach konnte 100 Quadratmeter Land hinter dem Anwesen dazukaufen, eine Garage und einen Heizungsraum bauen und einen idyllischen Garten anlegen. Ringsherum wandelte sich das Gesicht der Neustadt allerdings erheblich. Kleine Einfamilienhäuser wurden abgerissen, Wohnblöcke entstanden. Um viele Gebäude sei es schade gewesen, bedauert die Itzehoerin und zeigt das Foto eines prächtigen Bauwerks mit einem schönen Erker in der Reichenstraße 1, in dem sich ein großes Pelzgeschäft befand. Dagegen sei der »Hühnerhof« direkt gegenüber der Nummer 2 im Steilingsgang völlig zu Recht mit als Erstes der Abrissbirne zum

Die Viehmarkthalle in der Reichenstraße. Heute steht hier das neue Rathaus.

Opfer gefallen. »Der war ganz heruntergekommen. Als Kinder durften wir nicht hin, weil sich die Frauen dort immer prügelten.« Als die Sanierung beendet war, war von der Neustadt aus Roswitha von Machs Kindheit nicht mehr viel übrig geblieben. »Es war ungewohnt, das Leben hat sich stark verändert«, sagt sie. »Früher hatten wir hier ein Miteinander wie auf dem Dorf, haben uns gegenseitig geholfen, es wurde geklönt. Das ist alles abhandengekommen.« Die Bewohner der neuen Mehrfamilienhäuser seien alles Fremde gewesen.

Eines allerdings blieb beim Alten: Steilingsgang 2 war und ist ein offenes Haus. Während in der Nachkriegszeit zeitweise fünf Familien dort untergebracht waren, fanden ab Mitte der 1970er-Jahre Kinder türkischer Gastarbeiter bei Roswitha von Mach Unterschlupf. Als das frühere Hotel ›Stadt Hamburg‹, das zum Heim für Migrantenfamilien geworden war, 1974 abbrannte, nahm die Itzehoerin erstmals Pflegekinder auf. So wuchs sie in die Sozialarbeit hinein, erledigte Behördengänge für die Neuankömmlinge oder begleitete sie bei Arztbesuchen. Gemeinsam mit Magdalena Schröder, in deren Fernsehgeschäft sie eine Lehre zur Einzelhandelskauffrau gemacht hatte, baute sie ehrenamtlich das Kinderhaus des Deutschen Kinderschutzbundes am Langen Peter auf. »Ich war die erste Fahrerin«, berichtet Roswitha von Mach. »Ich habe die Kleinen zu Hause abgeholt, hingefahren und wieder zurückgebracht. Sie hätten sonst keine Chance gehabt, in den Kindergarten zu gehen.« Mittlerweile ist das Kinderhaus in ihrer Nähe angesiedelt – in der ehemaligen Polizeiwache am Markt.

Wenn Roswitha von Mach jetzt durch die Straßen der Neustadt läuft, hat sie nicht nur das vor Augen, was heute ist. »Ich sehe noch das Gesamtbild, wie die alten Häuser standen«, erklärt sie. Und zu jedem Gebäude kann sie etwas erzählen, zu jeder Straße kennt sie eine Anekdote. Sie weiß, wo früher am Sonntagmorgen die meisten Blutflecken waren, weil sich die Besucher einer der zahlreichen Kneipen mal wieder geprügelt hatten. Sie kann genau sagen, wer wo gewohnt hat, wie die einzelnen Geschäfte hießen. Auch an das alte Stadttheater, das einen Steinwurf entfernt stand, hat sie viele Erinnerungen – bis hin zu dem verheerenden Brand, der es 1994 dem Erdboden gleichmachte. Roswitha von Mach konnte vom Schlafzimmerfenster aus alles hautnah mitverfolgen.

»Es fehlt vieles, ich vermisse einiges, aber ich fühle mich immer noch wohl hier«, resümiert die Neustädterin. Ihr Garten ist eine liebevoll gestaltete Oase mit Sträuchern, Blumen und Wasserspiel, sie liebt es, dort zu arbeiten, alles hübsch anzulegen. Sie pflegt ebenso die städtischen Beete im Steilingsgang und freut sich, dass es jetzt dort schön aussieht. »Es ist wie eine Parkanlage, wenn man hier durchgeht, es gefällt mir sehr gut.« Wenn dann noch die drei Töchter und fünf Enkelkinder zu Gast sind, ist Leben in der Bude. Und wenn Roswitha von Mach in ihrem Wohnzimmer sitzt, zum Fenster hinaus auf den Garten schaut oder die vielen alten Fotos betrachtet, spürt sie oft ein bisschen Wehmut – aber auch Stolz. »Hier ist das, was ich immer wollte.« Sie hat dafür gekämpft – und es hat sich gelohnt.

STEILINGSGANG 2
25524 ITZEHOE

2 Die Mutter des Viertels

Marga Behrmann im Wohnpark ›Klosterforst‹

Quer durch Itzehoe und quer durch ganz Deutschland – ein Dutzend Mal ist Marga Behrmann in ihrem Leben umgezogen. Sie lebte in Freiburg im Breisgau, im Schwarzwald und in Bad Salzuflen am Teutoburger Wald. Es gab Orte, in denen sie nur wohnte, und es gab welche, in denen sie sich wohlfühlte. Als ihr Zuhause empfindet sie aber allein einen Platz. Und das ist der, an dem sie jetzt lebt – der Wohnpark ›Klosterforst‹. Die heute knapp 90-Jährige, die in der Itzehoer Moltkestraße geboren wurde, kennt das historische Klostergelände mit den vielen Grünanlagen noch aus der Zeit, bevor 1935/36 dort die Hanseatenkaserne errichtet wurde. »Da waren hier Schrebergärten«, erklärt Behrmann und zeigt aus dem Fenster. »Wir selbst hatten auch einen, und ich könnte schwören, dass er genau hier stand.« Wunderschöne Kindheitserinnerungen verbinde sie mit dem Gebiet. »Ich habe hier als kleines Kind viel erlebt. Unser Nachbar ließ immer rote Brause aus der Gartenpumpe sprudeln, und ich konnte nicht verstehen, warum mein Vater das nicht konnte«, erzählt sie lächelnd.

Als die Bundeswehr die Hanseatenkaserne 1994 aufgab und die Firma Plate & Partner ein Jahr später begann, das Gelände in Itzehoes jüngsten Stadtteil zu verwandeln, war Marga Behrmann gerade aus Bad Salzuflen in ihren Geburtsort zurückgekehrt. »Als hier das Bauen losging, habe ich das mit allergrößtem Interesse beobachtet«, berichtet sie. Es sei ihr sofort klar gewesen: »Wenn das so weit ist, gehe ich hin.« Das Konzept habe sie von Anfang an überzeugt. Es verbindet Jung und Alt sowie Leben und Arbeiten und bietet ganz unterschiedliche Wohnformen – vom Reihenhaus über Appartements bis hin zum ›Wohnen mit Service‹ für Senioren. Als eine der Ersten zog Marga Behrmann 1998 in eines der neuen Gebäude ein. Seitdem wollte sie nie wieder weg. »Ich bin immer gerne umgezogen. Wenn es mir hier nicht gefallen würde, wäre ich längst nicht mehr da«, bekräftigt Behrmann. Zum ersten Mal in ihrem Leben habe sie das Gefühl, angekommen zu sein. Das verdanke sie nicht zuletzt Pastor Paul Kah, meint Marga Behrmann. Er wurde in den Anfangsjahren als Stadtteilpastor eingesetzt und hatte von

Mitte der 90er-Jahre war Schluss: Einholen der letzten Fahne in der Hanseatenkaserne

Beginn an das Ziel, Senioren aktiv in die Gemeinde einzubinden. Der Seelsorger gründete eine Seniorenakademie, um Betreuungs-, Begegnungs- und Freizeitangebote für die ältere Bevölkerung zu schaffen. Inzwischen wurde daraus der Verein ›VitaVis‹ mit mehr als 200 Mitgliedern. Kah ist nunmehr im Krankenhaus im Einsatz, kümmert sich jedoch weiterhin um seine ›Klosterforst‹-Bewohner.

Marga Behrmann war von Anfang an bei den Seniorenaktivitäten dabei. Wenn im Gemeinschaftsraum im Untergeschoss des Gebäudes in der Malchiner Straße 3 eine Veranstaltung stattfindet, ist sie mittendrin. Spielenachmittag, Singen, Bingo oder Andacht – »es ist jeden Tag was los.« Marga Behrmann sorgt bei den Treffen für Kaffee und Kuchen, organisiert den Abwasch oder packt die Geschenke für die Bingo-Gewinner ein. Dabei ist sie stets für ein Späßchen zu haben. »Es gibt doch nichts Besseres, als wenn man lachen kann!« Die Rentnerin leitet auch das Gedächtnistraining und hat einen Handarbeitskreis gegründet, der jedes Jahr den beliebten Adventsbasar bestückt. Ein großer Erfolg ist zudem ›Senioren schaffen Schönes‹, eine Art Messe, bei der die älteren ›Klosterforst‹-Bewohner zeigen, was sie in Handarbeit hergestellt haben. Die Idee dazu hat sie aus Freiburg mitgebracht.

»Ich habe das große Los gezogen«, resümiert Marga Behrmann. »Ich habe noch nie so viele Menschen kennengelernt wie hier.« Der ›Klosterforst‹ sei wie ein Dorf. Hier lebe jeder selbstständig für sich, könne aber vielfältige Kontakte pflegen. Beim Einkaufen am Hanseatenplatz, dem Mittelpunkt des Stadtteils mit Läden und dem Ärztezentrum, treffe man immer Bekannte, es werde geklönt, man winke sich zu. »Hier muss niemand einsam sein«, erklärt Behrmann. »Einsamkeit ist doch das Schlimmste für alte Menschen.«

Es sei eine schöne Gemeinschaft entstanden, freut sich die Seniorin. »Ich bin so etwas wie die Mutter von dem Ganzen.« Das bedeutet für sie keine lästige Verpflichtung, keine Bürde – es ist genau das, was sie will. »Es ist wunderschön. Ich möchte nicht einfach nur teilnehmen. Mir gefällt es, dass ich gestalten kann, mich zuständig fühle, Verantwortung übernehme. Das ist für mich sehr wichtig, ich könnte das nicht entbehren.« Irgendwann, meint sie, werde es ein anderer machen müssen. »Aber so lange ich es kann und es mir Freude macht, bleibe ich dabei.« Außerdem habe sie Pastor Kah versprochen, dass sie 128 werde. »Damit ich *ihm* zum 99. Geburtstag gratulieren kann!« Und wer die fast 90-Jährige erlebt, ihre Lebensfreude, ihren Tatendrang und ihre Begeisterungsfähigkeit spürt, der zweifelt keine Sekunde daran, dass es ihr gelingen könnte. Bis dahin wird es wohl keinen Tag geben, an dem sie nichts anzufangen wüsste mit sich und der Welt. »Ich hatte in meinem ganzen Leben nie Langeweile«, bestätigt Behrmann und blickt auf die Wand hinter ihrem Esstisch. Dort hängt eine Postkarte, die sie von einer ihrer Töchter bekommen hat. Darauf steht: ›Menschen mit Fantasie langweilen sich nie‹.

WOHNPARK KLOSTERFORST
ZENTRUM HANSEATENPLATZ
25524 ITZEHOE
WWW.VITAVIS.NET

3

Ein gescheiterter Gründer

Gustav Ludwig Alsen auf dem ›Alsen‹-Gelände

Er war zweifellos ein mutiger Mann, ein Optimist, einer mit Weitblick noch dazu. Gustav Ludwig Alsen war 26 Jahre alt, als er eine Entscheidung traf, die sowohl seine Familie als auch Itzehoe für viele Jahrzehnte prägen sollte. 1863 erwarb der junge Architekt vor dem Delftor, direkt an der Stör, einen halben Hektar Marschenland und begann, Zement zu produzieren – der Beginn der ›Alsen'schen Portland-Cement-Fabrik‹ in Itzehoe.

Doch Alsen hatte zwar Ideen und Tatendrang, aber wenig kaufmännisches Geschick. Schon im ersten Jahr waren seine finanziellen Mittel erschöpft; sein Vater Otto Friedrich musste einspringen, um das Werk vor dem Untergang zu retten. Am 29. Dezember 1863 übernahm er die Zementfabrik und wurde seither als eigentlicher Gründer genannt. Gustav Ludwig wanderte vier Jahre später nach Brasilien aus. Er gilt als verschollen, man munkelte sogar, er sei Kannibalen zum Opfer gefallen. Fest steht jedoch, dass er den Aufstieg seiner Firma zu einem der bedeutendsten deutschen Zementproduzenten verpasste. ›Alsen‹ wurde das bestimmende Wirtschaftsunternehmen in Itzehoe. Bis zur Schließung 1983 prägten seine Schlote das Stadtbild, danach die Ruinen.

Der Name des ersten Gründers ist heute nur noch Kennern geläufig, in der Stadt präsent blieben andere: Ehrenbürger wurde 1961 sein Neffe Lucian Alsen. Die Straße, die zum jetzigen Gewerbegebiet auf dem Gelände der Zementfabrik führt, heißt Otto-F.-Alsen-Straße. Von Gustav Ludwig fehlt jede Spur. Es mag wohl kaum ein Trost sein, dass ausgerechnet seine Probleme sich heute wiederholen: Es gibt sie, die zukunftsweisenden Ideen für das verfallene Gelände, genau wie damals. Allein, es hapert am Geld.

ALSEN-GELÄNDE
OTTO-F.-ALSEN-STRASSE
25524 ITZEHOE

4

Der Mann mit der Melone

Mario Möller an der Bismarcksäule

Sonntag – endlich ausschlafen, Freunde besuchen, gemütlich Kaffee trinken oder einen Ausflug machen. Früher gestalteten auch Mario Möller und seine Familie das Wochenende auf diese Weise. Doch seit 2011 heißt es für sie: früh aufstehen, Kuchen und Brezeln backen, den VW-Bus startklar machen. Von April bis Ende Oktober steht der Itzehoer jeden Sonntag von 14 bis 17 Uhr mit seinem mobilen Kiosk an der Bismarcksäule im Stadtforst.

Am Aussichtsturm war er noch nie gewesen, als der Itzehoer eines Tages in der Zeitung las, dass der Förderverein für die Bismarcksäule einen Kioskbetreiber suchte. »Ich wusste nicht mal, dass der da steht«, gibt Möller zu, der aus Hamburg-Blankenese stammt. Der Inhaber eines Hausmeister-Service fand die Aufgabe einfach reizvoll, einen mobilen Laden zu betreiben. »Meine Familie ist seit Jahren mit fahrenden Geschäften tätig, zum Beispiel auf dem Hamburger Fischmarkt.«

Mit dem Kiosk wollte der Förderverein an vergangene Zeiten anknüpfen. Bis in die 70er-Jahre war das 18 Meter hohe Bauwerk im ›Lübschen Gehölz‹ ein beliebtes Ausflugsziel gewesen. Für Kinder waren die Süßigkeiten am Kiosk nebenan mindestens genauso verlockend wie der weite Ausblick bis zur Elbe. Doch mit zunehmender Höhe der umstehenden Bäume geriet die Bismarcksäule immer mehr in Vergessenheit, schließlich musste sie sogar wegen Baufälligkeit gesperrt werden. 2004 gründete sich anlässlich des 99. Geburtstags des Turms der Förderverein mit dem Ziel, dem eingetragenen ›Kulturdenkmal von besonderer Bedeutung‹ zu neuem Glanz zu verhelfen. Um die Restaurierung zu finanzieren, wurden alle 100 Stufen symbolisch für jeweils 250 Euro ›verkauft‹.

Als das Denkmal 2011 feierlich wiedereröffnet wurde, war es Zeit für Möllers ersten Einsatz. Dafür hatte er extra seinen VW-Bus umgebaut und mit Spüle, ausklappbarem Tresen und 5-Liter-Boiler ausgestattet. Neben Kaffee und Kuchen war jegliche Leckerei aus früheren Tagen an Bord, die noch erhältlich war, von der Sinalco-Cola bis zum Lakritzlutscher. »Ich dachte, wir können, falls ein paar Leute kommen,

Innenansicht der Bismarcksäule

Sekt ausschenken und ein bisschen Werbung für den Hausmeister-Service machen«, blickt Möller auf den damaligen Festtag zurück. Es wurden mehr als 400 Besucher. »Das war das erste Mal, dass wir ins Schwitzen kamen«, berichtet der Kioskbetreiber lachend. Das zweite Mal war am Vatertag 2012, als eine Jazzband an der Bismarcksäule spielte. Möller rechnete mit 200 Gästen, 700 kamen. »Da mussten wir sogar zur Tankstelle und Nachschub kaufen.«

An einem gewöhnlichen Sonntag geht es ruhiger zu: Familien kommen mit dem Nachwuchs, Motorradfahrer legen einen Stopp am Turm ein, Senioren gehen erst auf den benachbarten Waldfriedhof, bevor es bei Möllers Kaffee und Kuchen gibt. Manchmal werden sogar Kindergeburtstage gefeiert. Viele Besucher kommen jede Woche. »Es hat sich eine richtige Clique gebildet, es sind Freundschaften entstanden«, erzählt Möller. Wenn einer in den Urlaub fährt, schickt er eine Postkarte an den quirligen Kioskbetreiber. Und wenn einer der Stammgäste mal an einem Wochenende fehlt, machen sich die anderen Sorgen. Selbst bei Regen, Sturm oder Schnee: »Wir stehen immer da.« Die Sonntage an der Bismarcksäule sind für Mario Möller, seine Frau Anja und Tochter Shanise, die stets mit von der Partie sind, längst mehr als ein Job.

»Es ist eine Herzensangelegenheit«, erklärt der Itzehoer. »Ich mache das wirklich gerne – wenn es nach mir geht, für die nächsten 100 Jahre.«

Längst ist das Thema bei den Möllers auch jenseits der Wochenenden präsent. Beim Namen wird der Kioskbetreiber nur noch von Fremden genannt. Für Kenner der Bismarcksäule ist er ›der Mann mit der Melone‹. Den Titel trägt er seit dem Tag der Wiedereröffnung, als er in Anlehnung an die erste Einweihung 1905 mit Nadelstreifenanzug und Hut erschien. Inzwischen heißt sogar sein Hausmeister-Service ›Mister Melone‹. Und den Turm selbst kennt er mittlerweile wie seine Westentasche. »Ich fege ihn jede Woche aus und mache klar Schiff«, erklärt er. Unzählige Male hat er die Stufen inzwischen erklommen und mindestens genauso oft hat er von Besuchern den Satz gehört: »Hier war ich schon vor 30 Jahren als Kind, aber da waren die Bäume noch nicht so hoch.« Jeder Zweite erzähle das, berichtet Möller. Viele bringen sogar Fotos aus alten Zeiten mit. Wenn ihn jemand nach der Geschichte des Denkmals fragt, kann er inzwischen alle Fakten aus dem Effeff vortragen: Er weiß, dass der Bau vom Verein ›Bismarcksäule zu Itzehoe‹ veranlasst wurde, der 1899 unter Vorsitz von Landrat Junge gegründet wurde, dass er aus schwedischem Granit auf einem bronzezeitlichen Hügelgrab errichtet wurde, früher eine gusseiserne Feuerschale den Abschluss bildete – und dass nicht nur in Itzehoe ein Bismarckturm steht. »In Deutschland gibt es 146, der Itzehoer ist einer von dreien, die noch begehbar sind.«

Wenn die Saison schließlich Ende Oktober mit dem Abgrillen endet, dann können auch die Möllers endlich mal ausschlafen oder Ausflüge machen. Ein paar Wochen genießen sie das. »Aber dann freuen wir uns schon darauf, wenn es endlich wieder losgeht am Turm.«

BISMARCKSÄULE
STADTFORST AN DER BUNDESSTRASSE 206
25524 ITZEHOE
WWW.BISMARCKTURM-ITZEHOE.DE

5

Neues Leben in alten Häusern

Sören Zanner im Westerhof

Musik ist sein Leben – allenfalls ein Architekturstudium hätte Sören Zanner noch reizen können. Sein Faible für alte Häuser ist unübersehbar: Im Stadtteil Sude hat er 1999 aus einem 100 Jahre alten Bauernhof den Kulturhof geschaffen, dessen Musikschule längst eine der gefragtesten kulturellen Einrichtungen Itzehoes ist. 2010 kaufte Zanner mit dem Westerhof und dem alten Landgericht in der Breitenburger Straße zwei weitere historische Gebäude und rettete sie vor dem Verfall. Auch für sie hat er innovative Ideen entwickelt.

Katrin Götz: Sie leben mit Ihrer Familie im Westerhof. Er wurde 1857 als herrschaftliche Villa für den Zuckerfabrikanten Charles de Vos errichtet, 1881 übernachtete Kaiser Wilhelm I. anlässlich eines Manövers dort. Wie ist es, an einem geschichtsträchtigen Ort zu wohnen?
Sören Zanner: Die Geschichte interessiert uns natürlich, wir haben viel darüber gelesen. Allerdings wurde der Westerhof wahrscheinlich 1852 erbaut, nicht 1857, wie es überall geschrieben steht. Wir haben die Zahl auf einem alten Balken gefunden. Und wir wissen jetzt sogar, in welchem Zimmer der Kaiser übernachtet hat. Man hat die Historie im Bewusstsein, aber sie verändert nichts. Es ist nicht so, dass wir denken, in große Fußstapfen treten zu müssen, wir sind da bodenständig.
Die Lage inmitten des riesigen Parks und mit Blick auf die Stör ist äußerst idyllisch. Genießen Sie das – oder ist es längst Alltag?
Wenn ich nach Hause gehe, ist es, als ob ich in eine andere Welt komme. Tagsüber, im Kulturhof, ist es sehr lebendig, es herrscht immer Gewusel. Hier ist es naturnah, wir haben Rehe, Fasane und viele Eichhörnchen im Garten. Es herrscht fast Ferienatmosphäre. Und es ist ausgesprochen angenehm, Beruf und Wohnen nach zehn Jahren getrennt zu haben.
Von 1937 bis 2005 waren im Westerhof und im Nachbargebäude nicht Wohnungen, sondern das Landgericht untergebracht. Da gab es doch sicher viel zu tun, bevor Sie einziehen konnten?
Es war viel Arbeit. Der Holzfußboden war mit Gerichtsteppich beklebt, an den Türen waren überall Schilder, sogar ein großer Richter-

Nach Jahrzehnten als dröger Gerichtsbau kehrt alte Atmosphäre in das stolze Gebäude zurück

tisch war noch da. Aber es ist ein tolles Gefühl, ein altes Gebäude nach und nach zu restaurieren. Es ist klar, dass das ein paar Jahre dauert. Es ist ein Hobby, ein Ausgleich zum Musikschulalltag.

Sie hatten ja neben dem Wohnen noch andere Ideen für die Gebäude …

Wir wollten eine Schule für Erzieher mit dem Schwerpunkt Musikpädagogik einrichten. Im Dachgeschoss des früheren Landgerichts sollten Zimmer nach Art einer Jugendherberge entstehen. Das wäre toll für Itzehoe gewesen. Doch aus den Plänen wurde leider nichts, weil die Stadt keine Baugenehmigung dafür erteilt hat. Das Ganze wurde dann in Neumünster als Pilotprojekt angeschoben. Die ersten Absolventen haben dort 2012 ihren Abschluss gemacht.

Sie erzählen das ganz ruhig. Ärgert es Sie gar nicht?

Man muss immer Visionen, Träume und Wünsche haben. Ich habe alles probiert, ich musste jedoch von meiner Vision ablassen. Anfangs dachte ich: Das kann doch nicht wahr sein! Aber nach zwei, drei Monaten habe ich nach Alternativen geschaut. Inzwischen gab es eine glückliche Wendung: Wir werden im alten Landgericht ein Zentrum für integrative Frühförderung einrichten, wo Kinder an einem Ort umfassend versorgt werden und nicht verschiedene, überall verteilte Anlaufstellen ansteuern müssen. Auf 500 Quadratmetern werden verschiedene Therapieformen angeboten. Oben richten wir acht Wohnungen ein. Und im Westerhof werden, wenn alles fertig ist, sechs Wohnungen zur Verfügung stehen.

Mit dieser Nutzung knüpfen Sie an Ihr früheres Wirken an: Sie waren eine Weile therapeutisch tätig. Wie kam es dazu?

Ich habe erst in Lübeck Klavier studiert und anschließend an der Deutschen Sporthochschule in Köln und an der Karls-Universität in Prag die Ausbildung als Musik- und Bewegungstherapeut absolviert. Nach dem Studium war ich zusammen mit einer Freundin noch eine Zeit lang in einer Praxis therapeutisch tätig.

Heute leiten Sie den Kulturhof und sind dort auch selbst als Musiklehrer tätig. Bereuen Sie manchmal, nicht Berufsmusiker geworden zu sein?

Nein. Ich habe einen der schönsten Berufe überhaupt: Ich habe mit Kindern zu tun, die freudig wie kleine Entdecker an die Musik herangeführt werden. Das ist eine schöne und dankbare Aufgabe.

Sie sind Itzehoe beruflich und privat treu geblieben. Was macht die Stadt für Sie aus?

Man kann hier etwas bewegen, weil der Ort so überschaubar ist, dass man kleine Inseln schaffen kann. Man hat viele Möglichkeiten, sich in die Gesellschaft einzubringen. Und Itzehoe ist toll für junge Familien. Es gibt viele Freizeit-, Kultur- und Sportangebote. Von Hockey über Fechten und Wassersport bis hin zu Musik-, Mal- und Bildhauerkursen kann man hier alles machen.

Haben Sie noch mehr Ideen, die Sie gerne in der Stadt verwirklichen würden?

Ja, ich möchte in naher Zukunft eine weitere Musikschule gründen, deren Schwerpunkt auf dem Rock- und Pop-Bereich liegen soll.

WESTERHOF
BREITENBURGER STRASSE 70
25524 ITZEHOE

Paddlerin aus Leidenschaft

Heike Ziems am Bootshaus der ›Wasser-Wanderer‹

›Wasser? Das ist nicht mein Ding!‹ – davon war Heike Ziems jahrzehntelang überzeugt. Und das, obwohl sie die ›Itzehoer Wasser-Wanderer‹ schon von Kindesbeinen an kennt. Immerhin war ihr Onkel Fredi Böge eines der 15 Gründungsmitglieder, die den Kanuverein 1957 im Restaurant ›Störpavillon‹ ins Leben riefen. Heike Ziems besuchte ihren Verwandten oft auf dem Klubgelände in der Dorfstraße, wo die Mitglieder in viel Eigenleistung direkt am Störufer ein Bootshaus errichteten, das 1959 eingeweiht wurde. »Zum Gucken. Aber selbst ins Kajak steigen? Lieber nicht«, erklärt Heike Ziems rückblickend. Erst als ihr Sohn Jörg 1985 in den Verein eintrat, wagten sie und ihr Mann Dieter ebenfalls erste Paddelversuche. Wirklich Spaß machte es ihr allerdings nicht. Nur widerwillig setzt sie sich damals zu ihrem Mann ins Zweier-Kajak – ihm zuliebe. »Damit wir nicht ausschließlich getrennten Hobbys nachgingen.« Aber auch das nur bei schönem Wetter.

»Ich hatte anfangs Schiss«, gibt die Endsechzigerin heute zu. Zögerlich sagt sie es. Für den Hauch eines Moments ist sie nicht so resolut wie sonst. Und es klingt, als wundere sie sich selbst darüber, was anfänglich mit ihr los war. Denn heute versichert Heike Ziems: »Es ist Leidenschaft und Sucht.« Nichts daran klingt zaghaft.

Die Kehrtwende brachte die Gründung der Seniorengruppe 1995. Und ein Hexenschuss. Durch ihn war nicht mehr daran zu denken, dass sie mit ihrem Mann den schweren Zweier aufs Autodach wuchtete. Also wurde ein Einer-Kajak gekauft. »Mit einem richtigen Boot unter dem Hintern ging es dann ab«, erzählt Ziems lachend. Plötzlich merkte sie, dass sie mit ein bisschen Übung das Boot sicher führen konnte. Sie bekam Tipps von anderen Paddlern, schaute sich Kniffe ab, lernte aus Fehlern. »Je mehr man auf dem Wasser ist, desto geringer wird die Angst.«

Auf dem Wasser ist sie mittlerweile mindestens viermal in der Woche, bei Wind und Wetter. Knapp 3.200 Kilometer legt sie in guten Jahren im Kajak zurück, belegt regelmäßig vordere Plätze in der schleswig-holsteinischen Top-Ten-Liste der Kajak fahrenden Frauen.

Die Stör ist ein schönes Revier für die ›Wasser-Wanderer‹. Hier mischen sich die Paddler zwischen die Traditionsschiffe währen des ›Störschipper-Festes‹.

Elbe, Ostsee, Mecklenburgische Seenplatte, Flensburger Förde, Flüsse in Schweden, Tschechien und den Niederlanden – bis auf Wildwasser kennt Ziems inzwischen alle Gewässertypen. Und natürlich zieht es sie immer wieder auf die heimische Stör. »Da schafft man die meisten Kilometer.« Als waschechte Itzehoerin weiß sie: Wer auf die Tide achtet, muss auf dem Rückweg nicht gegen die Strömung paddeln. Heike Ziems ist im Stadtteil Tegelhörn direkt am Wald groß geworden, liebt die Natur. Und auf der Stör ist sie ganz eins mit ihr. »Du steigst aus dem Wagen, ins Boot und bist weg, hast deine Ruhe, kein Autolärm, nichts«, schwärmt sie. »Und was man alles sieht, das geht von Kranichen über Eisvögel und Fischottern bis zu Bibern. Auch Wasserschildkröten habe ich schon entdeckt.« Ihre Augen funkeln, ihre Stimme überschlägt sich fast, wenn sie von all den tierischen Begegnungen erzählt. Einmal sei direkt neben ihrem Kajak ein Seeadler ins Wasser geschossen, um Fische zu fangen. »Hier«, sagt Heike Ziems und schiebt den Jackenärmel hoch, »da krieg ich heute noch Gänsehaut.« Im Frühjahr könne man zudem deutlich sehen, wie die Bäume und Pflanzen sprießen. Besonders genießt sie die Natur, wenn sie mit ihrem Boot ›Nemo‹ ganz früh im Morgengrauen startet oder abends in den Sonnenuntergang fährt. »Ach, Sie glauben gar nicht, wie schön das ist!«

Ab und an sitzt die Itzehoerin bis zu sieben Stunden am Stück im Kajak, zum Beispiel beim Wesermarathon. »Manchmal tut was weh«, gesteht sie lachend. »Aber das tut's zu Hause auch.« Und wenn sie wieder festen Boden betritt, ist ohnehin alles vergessen. Stattliche Schiffe, denen sie in ihrem fünf Meter langen Boot begegnet, lassen sie ebenso kalt. Und die Bugwellen der großen Containerschiffe auf der Elbe? »Herrlich.« Am meisten liebt sie jedoch die Gemeinschaft. Es gebe keine Tour, auf der sie nicht neue Leute kennenlerne, berichtet Ziems, und überall werde man herzlich empfangen. »Man ist nie einsam.«

Die Freunde im Bootshaus bei den ›Itzehoer Wasser-Wanderern‹ sind wie eine Familie für sie. »Diese Kameradschaft – Jüngere und Ältere, alle zusammen, die Kinder helfen ganz selbstverständlich, alle verstehen sich gut –, das finde ich einmalig, ich genieße das.« Sie könne nur jedem raten, selbst einmal ins Kajak zu steigen. »Das kann man auch mit 60 Jahren noch anfangen.« In Itzehoe mit der Stör vor der Haustür, den ›Wasser-Wanderern‹ am Suder Hafen und dem ›Itzehoer Kanu-Club‹ an den Malzmüllerwiesen seien die Bedingungen ideal. »Ich kann mir ein Leben ohne mein Bootshaus und ohne meine Paddlerfreunde nicht mehr vorstellen. Ohne Paddeln kann ich nicht mehr sein«, sagt Heike Ziems mit Nachdruck. Manchmal könne sie es selbst gar nicht richtig fassen, wie alles gekommen ist. »Ich hätte nie gedacht, dass ich mal Lust dazu kriegen würde. Wenn das Onkel Fredi noch erlebt hätte!«

BOOTSHAUS DES KANUVEREINS
ITZEHOER WASSER-WANDERER
DORFSTRASSE 56
25524 ITZEHOE
WWW.ITZEHOER-WASSER-WANDERER.DE

7 Träumender Trommelbauer

Bülent E. Kürkcü im Prinzeßhofpark

Manchmal, wenn Spaziergänger durch den idyllischen Prinzeßhofpark laufen oder sich auf den Bänken in der Grünanlage hinter dem Kreismuseum ausruhen, dann hören sie zwischen dem Plätschern des Springbrunnens, dem Zwitschern der Vögel und dem Rauschen der Blätter noch etwas anderes: melodische Töne, mal glockenhell, mal kratzend, mal mystisch, mal beschwingt und heiter. Wenn sie dann den geheimnisvollen Klängen folgen, stehen sie bald vor Bülent E. Kürkcü. Ganz in sich versunken, sitzt er auf dem Rasen unter einem der alten Bäume, die Stirn unter den schwarzen langen Haaren konzentriert in Falten gelegt, und trommelt.

Der Enddreißiger liebt die Atmosphäre des denkmalgeschützten Parks, dessen Wurzeln bis ins 16. Jahrhundert zurückgehen. Bevor 1878 die Viktoriastraße zur Erschließung des Bahnhofs gebaut wurde, reichte er sogar bis an die Störschleife heran. Erst seit 1958 ist das Gelände öffentlich zugänglich. Bülent E. Kürkcü kennt es nicht anders. »Ich bin hier aufgewachsen und habe als Kind im Park gespielt«, erzählt er. »Früher gab es noch ein Klettergerüst, und wir haben die Mirabellen von den Bäumen gepflückt.« Seit die Anlage von 2006 bis 2008 nach historischem Vorbild umgestaltet wurde, sei sie wieder eine Oase. Mit dem Prinzeßhof, einem Adelspalais von 1556, in dem heute das Kreismuseum untergebracht ist, sowie dem dazugehörigen kleinen Kutscherhaus bietet der Garten ein malerisches Bild.

»Man kann sich hier vom Trubel der Fußgängerzone zurückziehen und relaxen«, schwärmt Kürkcü. Das hatte der Itzehoer tatsächlich oft nötig, nachdem er 2009 einen Hörsturz erlitten hatte. Häufig saß er im Park und dachte über einen Satz seines Arztes nach. »Schenken Sie dem Tinnitus kein Gehör«, hatte der gesagt. ›Blödmann‹, dachte Kürkcü damals, ›was soll das denn heißen?‹ Sein ›Weltcafé Bumerang‹ in der Kirchenstraße hatte er bereits aufgeben müssen. Das nervtötende Ohrengeräusch hatte ihn im Berufsalltag einfach zu sehr behindert. Wie könnte er ihm da kein Gehör schenken?

Der Prinzeßhofpark und das Kreismuseum im Prinzeßhof bilden im Stadtzentrum eine Einheit

Erst als er zufällig auf den inspirierenden Klang eines ›Hang‹ stieß, ein Musikinstrument aus zwei miteinander verklebten Halbkugeln aus Stahlblech, kam der Stein ins Rollen. Bülent E. Kürkcü, der einige Jahre Cajón und andere Schlaginstrumente spielte, wusste plötzlich, was er brauchte: wohltuende Klänge. Also experimentierte der gelernte Maler und Lackierer in seiner Werkstatt herum. Er nahm sich alte Metallkessel vor, weil die lange nachhallen, bearbeitete sie mit Bohrmaschine und Stichsäge, sägte Notenzungen hinein – und warf das Ergebnis in die Ecke, weil es »völlig schräg« klang. Mit einem Stimmgerät tastete er sich heran, bis er endlich zufrieden war. Die erste ›BEK.drum‹ war geboren, eine Art Schlitztrommel, die aussieht wie zwei aufeinander gesetzte Wok-Schalen. Sie klang nicht nur gut, sondern mehr als das: »Es sind heilende Töne, sie sind nicht von dieser Welt.« Wenn er jetzt abends in seiner Wohnung oder im Prinzeßhofpark eine Dreiviertelstunde auf seiner ›BEK.drum‹ spielt, wird der Tinnitus »ganz klein«.

Die Trommeln können mit Fingern oder Filzklöppeln gespielt werden, vom sanften Streicheln bis zum feurigen Hämmern. »Der Körper gibt die Impulse«, erklärt Kürkcü. Selbst unmusikalische

Menschen könnten einer ›BEK.drum‹ schöne Klänge entlocken. Ob beim Yoga, bei Wellness-Anwendungen, in der Musiktherapie oder bei der musikalischen Früherziehung – so bekannt früher der Cappuccino des Itzehoers in der ganzen Stadt war, so bekannt sind heute seine Instrumente. Kürkcü leitet an vier Itzehoer Schulen Kurse. Und vielen seiner Zöglinge ergeht es dabei wie dem Musiker selbst: »Ich bin viel ruhiger geworden. Es tut gut, eine halbe Stunde einfach draufloszutrommeln und den Kopf freizubekommen.« Und wenn er dann abends einen Anruf von den Eltern eines Schülers mit ADHS bekommt, die sich bedanken, weil ihr Kind so ausgeglichen ist, oder wenn wildfremde Menschen im Prinzeßhofpark vor ihm stehen bleiben, die Augen schließen, und sagen »Der Klang löst etwas in mir aus«, dann weiß der Itzehoer, dass er auf dem richtigen Weg ist.

Mehr als 100 Trommeln hat Kürkcü inzwischen gebaut. »Aus jeder kommen andere Melodien heraus.« Deshalb kann er auch nicht einfach ein Instrument ausliefern. Wer eines kaufen möchte, muss zu ihm nach Hause kommen. Da stehen etwa zehn zur Auswahl und Bülent E. Kürkcü sagt: »Eines von ihnen ist deines.« Welches, das müssen die Käufer herausfinden. »Jeder findet das, das zu ihm passt.«

An sein Café, früher sein Lebensinhalt, denkt Bülent E. Kürkcü nicht mehr, er träumt jetzt davon, dass seine Trommeln eines Tages weltweit verkauft werden. »Jeder Mensch hat seinen Weg. Und ich folge meinem jetzt.« Er ist überzeugt, dass sein Tinnitus, der ihn auf diesen Kurs gebracht hat, eines Tages ganz verschwindet. »Ich werde eines Morgens aufwachen und sagen: ›Es ist still‹.« Dann wird er aufstehen, in den Prinzeßhofpark gehen – und trommeln.

PRINZESSHOFPARK
KIRCHENSTRASSE 20
25524 ITZEHOE
WWW.KREISMUSEUM-PRINZESSHOF.DE

Geschichtsträchtiger Arbeitsplatz

Günter Reinke im Historischen Rathaus

Er hat handwerkliches Geschick, kennt sich mit Technik aus und hat einen Blick für Ordnung und Sauberkeit. Eigentlich bringt er alles mit, was man für den Beruf des Hausmeisters braucht. Das dachte Günter Reinke auch selbst, als er im August 1980 seinen Dienst bei der Stadt Itzehoe antrat – und dann musste er sich erst einmal einen schicken Anzug kaufen. Reinke sollte ab diesem Tag nicht nur für den Verwaltungsbau in der Reichenstraße zuständig sein, sondern zusätzlich für das repräsentative Historische Rathaus direkt gegenüber am Markt.

Das Haus, das 1695 erbaut und 1893 aufgestockt wurde, steht in der Neustadt, dem historischen Ursprung Itzehoes, und gehört mit seinem Barockportal zu den Schmuckstücken des gesamten Ortes. Heute sind darin unter anderem das Standesamt und Sitzungssäle sowie das Stadt- und Kreisarchiv untergebracht, im dazugehörigen Gebäude daneben befindet sich der Ständesaal aus dem Jahr 1835. Im 19. Jahrhundert tagte in ihm die Holsteinische Ständeversammlung als vordemokratisches Parlament. Bis heute werden in dem geschichtsträchtigen Raum die Sitzungen der Itzehoer Ratsversammlung abgehalten, außerdem dient das Ambiente mit seinen Kronleuchtern und Rundbogenfenstern für festliche Empfänge.

Bei all diesen Veranstaltungen ist natürlich stets der Hausmeister gefragt. Er ist das Heinzelmännchen im Hintergrund, bereitet Sitzungen vor oder räumt mithilfe von Bauhof-Mitarbeitern die schweren Holztische aus dem Weg. Bei Festivitäten muss er sogar ins Rampenlicht treten, das Büfett mit anrichten, Wein ausschenken und die Gäste bedienen. »Das sind alles Sachen, die ein Hausmeister sonst nicht macht«, erklärt Reinke lachend. »Ich hatte gar nicht damit gerechnet, dass so etwas auf mich zukommt.« Mittlerweile kann der gebürtige Saarländer auf einen umfangreichen Erfahrungsschatz rauschender Feiern zurückblicken. »Wir hatten riesige Feten im Ständesaal, zum Beispiel die Partnerschaftsveranstaltungen mit den Städten Cirencester und La Couronne. Früher gab es auch noch viermal im Jahr Rekrutenempfänge mit 200 Soldaten. Da habe ich im Akkord

Im heutigen Rats- und Festsaal der Stadt tagte einst die Holsteinische Ständeversammlung

hinterm Tresen die Bierflaschen aufgemacht.« Ein Höhepunkt sei die 750-Jahr-Feier Itzehoes 1988 gewesen. »Das war ein Riesenfest, mit großem Empfang und Festkommers im alten Stadttheater«, erinnert sich Reinke. »Währenddessen ist im Ständesaal ein gigantisches kaltes Büfett aufgebaut worden.« Solche Einsätze seien immer etwas Besonderes gewesen. Zuvor angestellt bei der Bahn, musste der Itzehoer erst in die Repräsentationsaufgabe im Anzug hineinwachsen. »Man gewöhnt sich an alles, inzwischen ist es Routine.«

Wie aus dem Effeff funktioniert auch der Sitzungsdienst bei den Ratsversammlungen. Die Arbeit, die Reinke schon erledigt hat, bevor der Bürgervorsteher die Konferenz eröffnet, kann der Besucher nur erahnen: Sie reicht vom Stühlerücken über das Bereitstellen der Getränke bis zum Auswechseln der Glühbirnen im riesigen Kronleuchter. Früher hat er für letztere Aufgabe beinahe akrobatische Leistungen vollbracht. »Die Leiter hat nie ausgereicht, um hochzukommen«, berichtet Reinke. Also habe er Tische zusammengerückt und sie daraufgestellt. »Dann wurde ich dazu verdonnert, ›Sicherheitsmensch‹ zu werden. Da konnte ich nicht mehr herumturnen, also hab ich erst einmal eine vernünftige Leiter gekauft.«

Während die Politiker schließlich über Wohl und Wehe der Stadt entscheiden, sitzt der Hausmeister in der Ecke direkt neben der riesigen Statue von Karl dem Großen, der über Jahrhunderte fälschlicherweise als Gründer Itzehoes galt. An diesem Platz bedient der Mittsechziger das Aufnahmegerät, um die Wortbeiträge aufzuzeichnen. »Das kam irgendwann dazu«, erklärt er und erledigt diese Aufgabe, wie er alles andere auch macht: zuverlässig und ohne viel Aufhebens. Günter Reinke ist zur Stelle, wenn man ihn braucht, ohne große Worte. In der Anfangszeit seiner Tätigkeit habe er noch mit Interesse die Sitzungsvorlagen und Protokolle gelesen und die Diskussionen aufmerksam verfolgt »Aber nach über 30 Jahren höre ich nicht mehr hin. Ich habe mir abgewöhnt, mir Gedanken darüber zu machen.« Dafür habe sich zu vieles verändert. »Der Umgang innerhalb der Selbstverwaltung war früher harmonischer, heute bekämpfen sie sich selbst in den eigenen Reihen.«

Günter Reinke hat Dutzende Kommunalpolitiker miterlebt, viele Beamte kommen und gehen sehen und die Amtsperioden diverser Bürgervorsteher überdauert. Dr. Andreas Koeppen ist der vierte Bürgermeister, unter dem er arbeitet. »Immer wenn ein Neuer kam, haben wir uns gesagt: ›Den überleben wir auch noch. Wenn der schon lange nicht mehr da ist, sind wir immer noch im Dienst.‹«, sagt der Hausmeister grinsend. Er hat wohl für jeden aus der Rathausbelegschaft schon einmal den Schreibtisch verstellt oder die Heizung zum Laufen gebracht. Er kann überall hinter die Kulissen schauen, kennt die Macken der Mitarbeiter. Doch selbst langjährige Rathausbedienstete haben noch nie Kritik aus seinem Mund gehört. Nach den Leichen im Keller befragt, lächelt er nur – und schweigt.

Reinke redet lieber von den vielen kleinen Anekdoten, die sich im Laufe der Jahre angesammelt haben. Da wird aus dem Hausmeister, der anfangs fast wortkarg wirkt, ein eloquenter Erzähler, der seine Geschichten mit einem guten Schuss trockenen Humors und verschmitzten Anspielungen würzt. So berichtet er, dass er früher auch Chauffeur für die Bürgervorsteher gewesen sei. »Einmal habe ich Elke

Zeigt, wer das Sagen hatte: das Wappen des dänischen Königs Christian V. über der historischen Rathaustür

Maria Tesch zu einer Goldenen Hochzeit gefahren und in einer Kurve ist der Präsentkorb umgekippt, alles lag verstreut. Vor der Haustür des Goldpaares haben wir das wieder zusammengebastelt. Als ich später das Auto in die Garage gebracht habe, habe ich im Kofferraum ein Pfund Kaffee gefunden«, erinnert er sich schmunzelnd. Ebenfalls mit einem Lächeln auf den Lippen schildert er, dass einst die Stadt höchstselbst die Gardinen für seine frühere Dienstwohnung direkt unter dem Ständesaal habe kaufen müssen. Weil der Gebäudekomplex unter Denkmalschutz steht, musste der Fensterschmuck exakt so aussehen wie im Historischen Rathaus.

Der Hausmeister kann sich auch noch gut entsinnen, wie die Ratsversammlung Anfang der 80er-Jahre mit Sack und Pack durch die ganze Stadt ziehen musste, während das Historische Rathaus umfassend saniert wurde und der Tagungssaal nicht zur Verfügung stand. Im Januar 1981 bezogen die Mitarbeiter das neue Rathaus, das an der Stelle der früheren Viehmarkthalle errichtet wurde und in seiner Form an eine Trutzburg erinnert. Die Logistik für den Umzug dorthin war Reinkes erste große Aufgabe – und sollte nicht die letzte bleiben. Auch aus dem modernen Verwaltungsbau weiß er zahlreiche Begebenheiten zu berichten. »Ich habe mit der Zeit viele Ingenieure kennengelernt, die sich mit dem Durchregnen ins Gebäude befasst haben«, sagt er. »Einer bekam den Namen ›Regenmacher‹, weil er Wasser aufs Dach schütten wollte, um zu sehen, wo es reinkommt.« Reinke selbst weiß nur allzu gut um die Schwachstellen des Hauses. Er konnte bereits den Bau mitverfolgen, kennt jede Steckdose und jede Verschraubung. Die Arbeit dort sei normale

Hausmeistertätigkeit. »Das läuft mehr nebenbei« – kein Vergleich zum Einsatz im historischen Haus. »Das alte Rathaus ist ein ganz wichtiges Gebäude«, betont Reinke. »Es ist die gute Stube der Stadt.« Er habe immer großen Wert darauf gelegt, dass auch das Reinigungspersonal das so sieht und entsprechend arbeitet. »Man kann da nicht vorgehen wie in einem normalen Büro.«

Generell müsse man den Blick dafür haben, was sofort gemacht werden muss und was Zeit habe, beschreibt Reinke eine der wichtigsten Fähigkeiten eines guten Hausmeisters. »Sauberkeit hat höchste Priorität«, betont er. »Ich scheue mich nicht davor, die Straße zu fegen oder McDonald's-Tüten einzusammeln. Das ist der Kontrast«, erklärt er. »Meine Tätigkeit bewegt sich zwischen Müllsammeln und im feinen Zwirn Wein einschenken. Die Bandbreite ist gewaltig.« Genau diese Vielseitigkeit habe ihm immer Spaß bereitet. »Ich bin mehr oder weniger mein eigener Herr«, sagt Reinke. Allein die Urlaubsvertretung für den Stadtboten habe er stets gehasst. »Durch Itzehoe zu fahren, sämtliche Behörden anzusteuern und die Post im Haus zu verteilen – das ist der Horror für mich.«

Bald muss er diese ungeliebte Aufgabe nicht mehr erledigen, der Ruhestand steht vor der Tür. »Bei der Bahn wäre ich schon längst in Pension«, meint Reinke. Es ist lediglich eine Feststellung, es schwingt kein Bedauern mit. »Ich habe es nie bereut, dass ich den Posten als Hausmeister für die Stadt übernommen habe.« Das eine oder andere Mal werde er sicherlich auch als Rentner ins Historische Rathaus kommen. »Vielleicht gucke ich mir dann sogar mal eine Ratsversammlung an …«

HISTORISCHES RATHAUS
MARKT 1
25524 ITZEHOE
WWW.ITZEHOE.DE

9

Wo Tegelhörns Herz schlägt

Dagmar Boldt am Ostlandplatz

Schlachter, Blumenladen, Obstgeschäft, Bäckerei – Geschäfte, die es in anderen Ecken der Stadt nicht einmal mehr vereinzelt gibt, liegen am Ostlandplatz auf engstem Raum vereint. Auf der kleinen Piazza an der Ecke zwischen Lehmwohld und Alter Landstraße schlägt das Herz von Tegelhörn. Und wenn in diesem Viertel über das belebte Fleckchen geredet wird, dann klingt das nicht wie eine Ortsbeschreibung, es klingt fast wie ein Lebensgefühl. »Jeder kennt jeden, jeder grüßt, man redet miteinander – das ist Ostlandplatz«, fasst Dagmar Boldt zusammen. »Es ist wie ein Dorf in der Stadt.«

Die Itzehoerin ist seit Juni 2010 Inhaberin der Drogerie und Parfümerie ›Brandt‹ am Ostlandplatz. Doch die Entwicklung dieses Ortes hat sie schon viel länger miterlebt. 1985 hat die heute Mittvierzigerin in dem Geschäft ihre Ausbildung zur Drogistin begonnen – und ist nie wieder gegangen. Ja, sie kam nicht einmal auf die Idee, sich nach einer anderen Stelle umzuschauen. Selbst nach der Geburt ihres Sohnes 1992 hat sie gleich stundenweise weitergearbeitet. »Es hat einfach alles gepasst, ich kam mit dem Chef und mit den Kunden gut zurecht, hatte nette Kollegen«, erklärt Boldt. Als Uwe Brandts Ruhestand näher rückte, war für sie sofort klar, dass sie die Drogerie übernehmen würde.

Dagmar Boldt sah in der Nachbarschaft viele Läden kommen und gehen, verfolgte die bauliche Veränderung des Ostlandplatzes, bemerkte, wie sich das Umfeld veränderte, mal schleichend, mal rasant. »Zuerst gab es hier noch ein Schuhgeschäft«, berichtet sie. »Und einen ›Spar‹-Markt auf der anderen Seite; das ›Edeka‹-Haus stand noch gar nicht, als ich meine Lehre begonnen habe.«

Eines allerdings hat sich in all den Jahren nie verändert. »Ich gehe nach wie vor gerne zur Arbeit, immer!«, sagt die Drogistin fröhlich. »Ich kann mir das gar nicht vorstellen, wie das ist, wenn man mit Bauchschmerzen ans Tagwerk geht, weil es keinen Spaß macht. Das muss schlimm sein.« Ihrer Begeisterung tat es auch keinen Abbruch, dass ihr Beruf sich in den vergangenen drei Jahrzehnten grundlegend

Die Ladenzeile am Ostlandplatz wurde über die Jahre erweitert und mit einem Dach versehen

verändert hat. »Als ich angefangen habe, haben wir noch Farben gemixt«, erinnert sich Boldt. Farbfilme wurden entwickelt, in den Regalen lagen Zahnpasta und Babywindeln. »Heute ist alles digital, Zahnpasta gibt's im Supermarkt, und nach Windeln fragt hier kein Mensch mehr.« Dafür machen Geschenkartikel einen großen Bereich aus, es wird medizinische Fußpflege angeboten, ein Kosmetiksalon gehört zum Geschäft. Die Drogerie ›Brandt‹ ist zudem im Internet vertreten und hat eine Facebook-Seite. Und ohne Einkaufsgemeinschaft mit anderen Parfümerien könnte sie nicht überleben.

Die Kunden jedoch sind noch immer dieselben. »Viele kannte ich schon, als sie selbst noch im Kinderwagen saßen, heute kommen sie mit dem eigenen Nachwuchs her«, erzählt Dagmar Boldt. »Ich habe meist ihren ganzen Werdegang erlebt, von Schule über Ausbildung, Studium oder Beruf. Der Kontakt zu den Menschen ist einfach schön. Wo ist das denn heutzutage noch so, dass man alle mit Namen kennt?«

Wenn eine Stammkundin länger nicht kommt, macht sich die Itzehoerin Sorgen, was wohl los sei. Sie weiß auch, dass viele Ältere nur deshalb vorbeischauen, weil sie einsam sind und jemanden zum Reden brauchen. Viele von ihnen sind alteingesessene Bewohner Tegelhörns, die nach dem Zweiten Weltkrieg in den damals neu entstandenen Stadtteil gezogen sind. Zuvor hatte es hier, im Norden Itzehoes, nur eine weite, kaum besiedelte Heidefläche gegeben, durch die sich die Sandpiste der Alten Landstraße zog, ein ehemaliger Heer- und Ochsenweg. Vor allem Flüchtlinge und Vertriebene fanden in dem auf dem Reißbrett entworfenen Viertel ein neues Zuhause. Heute halten die Straßenbezeichnungen die Erinnerung an die alte Heimat hoch, und auf dem Ostlandplatz steht, mit einem Gedenkstein versehen, die ›Pommern-Linde‹.

Der geschichtliche Hintergrund mag der Grund für den großen Zusammenhalt der Einwohner Tegelhörns sein, für ihre herzliche Nachbarschaft und ihre Offenheit Neuankömmlingen gegenüber – im Stadtteil allgemein und ganz speziell am Ostlandplatz. »Die Gemeinschaft ist gut. Wer will, wird sofort aufgenommen«, betont Dagmar Boldt. Als ein paar Häuser weiter ein neuer Arzt einzog, haben natürlich alle Anlieger Blumen gebracht und sich vorgestellt. Auch ist selbstverständlich, dass ein Ladenbesitzer am Ostlandplatz beim anderen einkauft. An diesem Fleckchen Erde wird noch aufeinander geachtet, Unterstützung gelebt. Wenn vor der Haustür das ›Tegelhörner Herbstvergnügen‹ gefeiert wird, hilft jeder mit, alle Familienmitglieder packen an, damit es ein rauschendes Fest wird. Und wenn dann die Kinder im Karussell ihre Runden drehen, Alt und Jung bei Bier und Bratwurst zusammensitzen und klönen, dann spüren auch die Gäste diese besondere Stimmung – das Ostlandplatz-Gefühl.

DROGERIE BRANDT
OSTLANDPLATZ 7
25524 ITZEHOE
WWW.DROGERIEBRANDT.DE

10 Dialog gegen Vorurteile

Zehra Aydogdu in der Moschee in der Wilhelm-Biel-Straße

Ein Donnerstagvormittag in der Moschee in der Wilhelm-Biel-Straße. Schon wenn er den unauffälligen Backsteinbau betritt, hört der Besucher das Stimmengewirr aus dem Gemeinschaftsraum. Er öffnet die Tür – und ist sofort gefangen von der Atmosphäre. Die Herzlichkeit und menschliche Wärme, die das Zimmer erfüllt, ist fast mit Händen greifbar. Zwei Dutzend Frauen verschiedener Nationalitäten tummeln sich darin, einige mit modischem Kurzhaarschnitt, andere mit dunklem Kopftuch. Sie fallen sich zur Begrüßung in die Arme, lachen und schnattern miteinander wie gute alte Freundinnen. Mittendrin steht Zehra Aydogdu, richtet die Leckereien des Büfetts an, schenkt Tee ein, reicht Servietten.

Beim deutsch-türkischen Frauenfrühstück geht es jedoch um sehr viel mehr als nur ums Essen. Es ist ein interreligiöser Dialog. »Es geht darum, miteinander ins Gespräch zu kommen«, erklärt Zehra Aydogdu. Sie hat den Austausch vor Jahren angestoßen, ging mit ihrer Idee auf die städtische Gleichstellungsbeauftragte Karin Lewandowski zu, bei der sie offene Türen einrannte. Seit 2009 verabreden sich die Frauen nun mehrmals im Jahr, treffen sich zum Kaffee, sitzen in der Moschee oder besichtigen Kirchen, feiern Advent miteinander. Sie öffnen sich gegenseitig ihre Häuser – und ihre Herzen.

»Es ist wichtig, dass wir uns kennenlernen«, erklärt Zehra Aydogdu. »Man hat nur Angst vor dem, was einem unbekannt ist.« Es ist ihr ein Anliegen zu vermeiden, dass Muslimen Vorurteile entgegengebracht oder türkische Frauen schräg angeschaut werden. »Die Menschen sollen diese Fragen nicht mehr im Sinn haben: Was für Leute sind das, diese Frauen mit den Kopftüchern? Können die was oder können die nichts?« Zehra Aydogdu weiß nur zu gut um den Blick, den das Kopftuch auslöst. Denn bis vor Kurzem hat sie keines getragen. Weder für ihren Vater noch für ihren Mann wollte sie es tun. Nun tut sie es für Gott und für sich selbst. »Ich möchte, dass man mich als Muslimin ansieht. Ich fühle mich wohl in meiner Haut, weil es meine eigene Entscheidung war.«

Die Treffen über kulturelle Grenzen hinweg sorgen für eine hohe gegenseitige Wertschätzung

Zehra Aydogdu war neun Jahre alt, als sie mit ihrer Mutter aus der Türkei zunächst nach Hamburg kam. »Opa war schon hier, Papa auch«, erinnert sie sich. »Uns Kinder hat keiner gefragt, ob wir nach Deutschland wollen – aber jetzt sind wir hier.« Und Zehra Aydogdu ist gerne hier. Nachdem sie einige Jahre in Österreich gelebt hatte, zog es sie 2003 nach Itzehoe, wo sie sich sofort wohlfühlte. »Ich mag kleinere Städte, weil sie übersichtlich sind.« Mit ihrem Mann, der Koch ist, führte sie den Döner-Imbiss ›Sultan Kebap‹ in der Feldschmiede. Die Familie ist integriert. Und doch kommt es manchmal vor, dass jemand fragt »Und, wie lange bleiben Sie?«. Das kränkt sie. »Ich bin in Deutschland aufgewachsen«, erklärt Zehra Aydogdu. »In der Türkei sieht man mich als Ausländer an, hier jedoch auch. Ich fühle mich in Deutschland zu Hause, es ist meine Heimat. Ich lebe hier, ich erziehe meine vier Kinder nach dem Grundgesetz. Dennoch liegt mir die Türkei am Herzen.«

Ebenso ihre Religion. Zehra Aydogdu ist gerne in der Moschee, sie ist stolz auf das Haus, das der türkisch-islamische Kulturverein ab 2005 errichtet hat. Der Weg dahin war steinig. Die Kuppel, die sich die Muslime gewünscht hatten, wurde abgelehnt, da sie nicht dem Bebauungsplan entsprach – und die Politiker weigerten sich, die Vorschriften zu ändern. Nur durch Spenden und Mitgliedsbeiträge der rund 130 Familien, die dem Verein angehören, war die Finanzierung des Gebäudes möglich. Schweren Herzens mussten zusätzlich Kredite aufgenommen werden, obwohl Muslime das eigentlich ablehnen. Doch alle Hindernisse rückten in den Hintergrund, als im Juni 2008 die Einweihung des Gebäudes gefeiert werden konnte. Und das, was sich alle Redner beim Eröffnungsfest wünschten, ist wahr geworden: Die Moschee ist ein offenes Haus, ein Ort der Begegnung. An der Wand hängen die deutsche und die türkische Flagge nebeneinander. Und in den Räumen, deren Wände mit Ornamenten und arabischen Schriftzeichen geschmückt sind, finden nicht nur Korankurse für Kinder statt, sondern auch Nachhilfeunterricht für Schüler aller Nationalitäten.

»Die Moschee ist nicht allein zum Beten da«, betont Zehra Aydogdu. Im Islam gebe es noch eine andere, umgangssprachliche Bedeutung für das Wort: zusammenkommen, sich kennenlernen, Probleme austauschen und gegenseitig Hilfe geben. Es sei ein Haus der Gemeinschaft. Und jeder sei willkommen, ganz egal, welcher Religion er angehört. Regelmäßig lädt der Kulturverein zu Tagen der offenen Tür. Die anfängliche Hemmschwelle, die Angst, sich falsch zu benehmen, legen Gäste meist schon mit den Schuhen ab, wenn sie die Moschee betreten. Denn es gibt eigentlich nur eine Regel: »Alles, was Gott gefällt, kann man hier machen.«

»Das Miteinander muss noch viel mehr werden«, wünscht sich Zehra Aydogdu. Ein Leben in der Türkei kann sie sich nicht mehr vorstellen. Es bestünde auch kein Anlass dafür. »Wir leben hier seit über 50 Jahren und haben viel für Deutschland geleistet. Man kann nicht sagen: ›Ihr habt eure Aufgabe gemacht, jetzt geht wieder nach Hause‹.«

MOSCHEE
WILHELM-BIEL-STRASSE 7
25524 ITZEHOE

11 Aufbruch in ein neues Leben

Saim Krasniqi im Café ›Schwarz‹

›In drei Monaten hat sich alles beruhigt, dann kann ich zurück‹ – mit diesem Gedanken im Hinterkopf packte Saim Krasniqi im Jahr 1993 seine Sachen und floh vor den Unruhen im Kosovo. Es war der Aufbruch in ein neues Leben. Nur durch Zufall landete er in Itzehoe. Auf der Suche nach Arbeit fragte er unter anderem im Café ›Schwarz‹ in der Breitenburger Straße im Stadtzentrum nach – und hatte Glück. »Ich sollte ein bisschen aufräumen«, erzählt Krasniqi von seiner ersten Aufgabe. Heute ist er der Chef des Betriebs.

Weil viel zu tun war, engagierte der damalige Inhaber Richard Schwarz den Helfer immer häufiger. Schwarz war nicht nur Gastwirt mit Leib und Seele, sondern ebenso Obermeister der Konditoren-Innung, Berufsschullehrer sowie Vorsitzender im Hotel- und Gaststättenverband. Er hatte Menschenkenntnis – und ein großes Herz. Er mochte Saim Krasniqi und sah das Potenzial des jungen Mannes, der bereits in seiner alten Heimat in der Gastronomie tätig gewesen war. Er sprach zwar kaum Deutsch, war aber stets bescheiden, fleißig und höflich und kam damit auch bei den Gästen und dem Rest der Familie gut an.

»Wenn einem jemand Vertrauen gibt, muss man das zurückgeben«, sagt Saim Krasniqi. »Man muss dankbar sein.« Trotzdem verhielt er sich am Anfang zurückhaltend, wollte nicht einmal den Schlüssel annehmen. »Ich hatte Angst, Verantwortung zu übernehmen«, erklärt der Mittvierziger rückblickend. »Ich dachte, wenn etwas fehlt oder etwas passiert, sagen bestimmt alle: ›Das war der Ausländer‹.« Heute kann er darüber lächeln, denn er merkte schnell, dass seine Befürchtungen vollkommen unberechtigt waren. »Ich habe nie Schlechtes erlebt, ich spüre keine Diskriminierung.« Ganz egal, ob Behörden, Kunden oder Geschäftspartner, er habe von allen Seiten zu jeder Zeit Unterstützung erfahren. Mehrfach betont er das. Er weiß es zu schätzen, denn er weiß, es hätte anders kommen können. Schnell nach seinem Antritt im Betrieb fühlte er sich bei der Familie Schwarz aufgehoben, als wenn sie seine eigene wäre. »Richard Schwarz war

Ein Bild aus früheren Tagen: Saim Krasniqi mit seinem Adoptivvater Richard Schwarz

wie ein Vater«, bekräftigt Krasniqi. Das wurde schließlich auch offiziell besiegelt: Der Itzehoer adoptierte den Kosovo-Albaner.

Als Richard Schwarz 2008 im Alter von 76 Jahren starb, konnte Saim Krasniqi die Tradition im Sinne des ehemaligen Inhabers fortsetzen: Das Café ›Schwarz‹ ist die älteste Itzehoer Gaststätte in ununterbrochenem Familieneigentum. Am 3. Juni 1902 hatten Schwarz' Großeltern, der Konditormeister Johannes Evers und seine Frau Emma, die Konditorei mit Café eröffnet. Itzehoe war damals eine stark aufstrebende Stadt, der Handel blühte, der Betrieb florierte. Selbst durch den Ersten Weltkrieg und die Inflation führte das Ehepaar die Gaststätte mit ruhiger Hand. 1956 übernahm Richard Schwarz schließlich das Café von seiner Mutter Agnes, die es alleine geführt hatte, nachdem sein Vater Walter 1942 als Soldat in Russland gefallen war. Anfang der 60er-Jahre ließ er eines der beiden nebeneinander stehenden Gebäude abreißen, um das andere erweitern zu können. Doch bei der verheerenden Sturmflut 1962 rutschte das zweite Haus in die Baugrube. Zwei Jahre später konnte die Familie den errichteten Neubau beziehen, in dem nun auch Hotelzimmer untergebracht waren.

Als Krasniqi 2008 neuer Inhaber des Betriebs wurde, hatte das Gebäude nach 44 Jahren seine besten Zeiten bereits hinter sich. »Es wäre vielleicht einfacher gewesen, das Café einfach dicht zu machen«, sagt er rückblickend. Doch das kam für ihn nicht infrage. »Es war kein anderer da, der es hätte übernehmen können, und es wäre schade gewesen, wenn die Familientradition beendet worden wäre.« Er sei es seinem Adoptivvater schuldig gewesen weiterzumachen. »Er war ein guter Mensch.« Also renovierte er und erneuerte und brachte neuen Schwung hinein. Seit diesem Entschluss packt der Besitzer Tag für Tag selbst kräftig mit an. Nie käme er auf die Idee, die Arbeit und Verantwortung auf seinen Bruder oder seine Frau oder die fünf Mitarbeiter abzuwälzen. »Es schadet mir nicht, wenn ich auf dem Bau helfe, den Müll raustrage oder eine Tür repariere. Ich kann nicht rumstehen, ohne Arbeit könnte ich nicht sein«, erklärt Krasniqi.

Jeden Morgen um 6 Uhr beginnt er sein Tagwerk. »Im gesamten vergangenen Jahr habe ich nur zwei Mal bis 8 Uhr geschlafen«, berichtet er. »Und wenn ich abends um 19 Uhr rauskomme, bin ich glücklich.« Meist dauert der Arbeitstag jedoch sehr viel länger, denn sein Haus ist der gesellschaftliche Dreh- und Angelpunkt der Stadt. Nicht umsonst ist es die Heimat von rund 40 Vereinen und Vereinigungen. Vom Hausfrauenbund über den Schachklub und nahezu jede Partei bis zur Landsmannschaft der Ost- und Westpreußen – sie alle finden im Café ›Schwarz‹ ideale Bedingungen: Es ist barrierefrei zugänglich, fasst bis zu 200 Personen, fünf Gruppen können gleichzeitig ungestört in den Räumen tagen. Zusätzlich finden zahlreiche Familienfeiern in der Breitenburger Straße statt. Sei es die Taufe, Konfirmation, Hochzeit oder die Trauerfeier – das Café von Saim Krasniqi gehört zum Lebenslauf. Es gibt wohl keinen Itzehoer, der nicht wenigstens einmal dort war.

Besonders stressig sind die Tage in der Adventszeit. Bis zu 30 Kilogramm Grünkohl kocht der Inhaber pro Tag, wenn all die Weihnachtsfeiern anstehen, bei denen das norddeutsche Traditionsgericht nicht fehlen darf. Bevor er nach Itzehoe kam, wusste Krasniqi nicht einmal, dass es Grünkohl gibt, geschweige denn, wie man ihn zubereitet. ›Wie kann man das bloß essen?‹, hat er sich gefragt, als er das Gericht das erste Mal gesehen hat. »Noch schlimmer sind die süßen Kartoffeln, die es dazu gibt«, sagt er lachend. Alleine der Gedanke an die karamellisierten Erdäpfel lässt ihn schaudern. Und wie man auf die Idee kommen kann, beim ›Mehlbüdel‹ eine Art Serviettenkloß mit Schweinebacke und Kirschsoße zu kombinieren, wird er wohl nie verstehen. »Aber ich koche es gerne!« Und den Gästen schmeckt's. Die richtige Zubereitung der norddeutschen Spezialitäten hat ihm, wie so vieles andere, Richard Schwarz beigebracht.

Saim Krasniqi ist im Café ›Schwarz‹ immer mittendrin und dabei

Der Gastronom ist längst nicht mehr nur auf dem Papier ein Itzehoer. Hier im Norden fühlt er sich zu Hause und interessiert sich für das, was im Ort passiert. Er weiß, welche Ziele hinter den Vereinen stecken, die bei ihm tagen, und die Lektüre der Zeitung ist tägliche Pflicht, schließlich möchte er mitreden können. »Ich will wissen, was in meiner Stadt los ist. Ich lebe hier, meine zwei Kinder gehen hier zur Schule«, betont er. »Ich will nicht nur kassieren – und tschüss.«

Nachdenklich blickt Saim Krasniqi zum Fenster hinaus. »Oh, Herr Rathjen sucht seine Frau«, sagt er plötzlich und zeigt auf einen älteren Herrn, der draußen vorbeiläuft. »Aber ich habe sie heute noch nicht gesehen. Sie ist bestimmt auf dem Wochenmarkt. Hoffentlich verpassen sie sich nicht.« Der Café-Besitzer kennt seine Gäste, er kennt ihre Familiengeschichten, viele von ihnen begleitet er seit mehr als zwei Jahrzehnten. Und er nimmt Anteil, freut sich mit ihnen über gute Nachrichten oder trauert, wenn ein Stammgast plötzlich nicht mehr kommt. »Man muss auf die Menschen zugehen«, betont er. »Dann sind sie freundlich.« Doch man müsse ebenso akzeptieren, dass man es nie allen recht machen kann, so sehr er das gerne würde. Das musste er lernen, auch wenn es ihm schwerfällt, er sich wünscht, dass sich jeder in seinem Café wohlfühlt. »Am schönsten ist es, wenn zum Beispiel nach einer Feier die Leute glücklich sind oder die Hotelgäste zufrieden nach Hause fahren«, erklärt Krasniqi. »Das ist das Wichtigste, damit wird die Arbeit belohnt.« Dafür nimmt er gerne in Kauf, dann und wann müde zu sein.

Ab und zu überkomme ihn ein Hauch Heimweh, gibt er zu. Er hält den Kontakt in den Kosovo, zu seiner alten Familie, die ihn manchmal in Itzehoe besucht. »Sie sind stolz auf das, was ich erreicht habe.« Für Saim Krasniqi ist es selbstverständlich, dass seine Kinder Albanisch sprechen können, um sich im Kosovo zu verständigen. »Wenn man eine Sprache mehr kann, hat man eine Kultur mehr«, bekräftigt der Gastronom.

Aber Itzehoe den Rücken zu kehren, zurückzugehen – ein fast schon absurder Gedanke für Saim Krasniqi. »Ich habe hier meine Freunde, spiele Fußball, auch wenn ich es meistens nur einmal im Quartal schaffe.« Und das Café aufzugeben, käme ihm nicht in den Sinn. Das käme ihm wie ein Verrat an Richard Schwarz ebenso wie an seinen Kunden vor. Nein, Saim Krasniqi schüttelt entschlossen den Kopf. »So lange ich gesund und munter bin, wird es das Café ›Schwarz‹ geben.«

CAFÉ SCHWARZ
BREITENBURGER STRASSE 14 - 16
25524 ITZEHOE
WWW.HOTEL-SCHWARZ-ITZEHOE.DE

Heimatkarte von
Ostpreußen
Danziger Bucht
Zoppot
Danzig

12 Erinnerungen an Zuhause

Dr. Jutta Hantschmann im ›Haus der Heimat‹

Wenn Dr. Jutta Hantschmann von Zuhause spricht, dann meint sie nicht ihr Häuschen in Itzehoe. Sie meint auch nicht Kiel, wo sie vor 1975 mit ihrem Mann Norbert lebte. Wenn Dr. Jutta Hantschmann von Zuhause spricht, dann denkt sie an die Orte ihrer Kindheit, denen sie sich noch heute besonders im ›Haus der Heimat‹ nahe fühlt: an die Kurische Nehrung mit ihrer unendlichen Weite von Strand und Meer, an den ostpreußischen Dialekt und an das Freiheitsgefühl, wenn sie den ganzen Sommer draußen verbracht hat.

Sie war zwölf, als sie das alles hinter sich lassen musste und mit ihrer Familie aus Ostpreußen in den Westen floh, ohne Abschied nehmen zu können. Das war 1945. Jahrzehnte sind seitdem vergangen, in denen sie drei Kinder großzog, ihre Facharztausbildung für Kinderpsychiatrie machte, am Itzehoer Gesundheitsamt die sozialpsychiatrische Beratung aufbaute, sich ehrenamtlich im Kinderhaus engagierte. »Man ist hier reingewachsen«, sagt die heute 80-Jährige. »Aber Heimat ist es nicht.« Dass sie Flüchtlinge sind, sei immer präsent gewesen. Wie hätte man es auch vergessen können? »Es war ein massiver Bruch des gesamten Lebens. Für die Eltern einer, der gar nicht wieder aufgeholt werden konnte.«

Der Alltag ließ keinen Raum für Sentimentalitäten. Doch bei Feiern, wenn Kollegen, Mitarbeiter und Krankenschwestern – viele selbst aus Ostpreußen stammend – bei der Ärztin und ihrem Mann zu Gast waren, las Dr. Jutta Hantschmann Werke im ostpreußischen Dialekt vor. Sie beherrscht ihn, obgleich er in ihrer Familie nicht gesprochen wurde. In der Itzehoer Frauengruppe der ›Landsmannschaft der Ost- und Westpreußen‹ wurde man darauf aufmerksam, und so trug sie auch bei den Treffen des Vertriebenenverbandes gelegentlich Texte vor. Als dessen Leiterin 2002 schwer erkrankte, bat man die Ärztin, die Nachfolge anzutreten. Seitdem kümmert sie sich um die Kulturarbeit des lokalen Vereins, stellt Veranstaltungsprogramme zusammen, überlegt sich Themen und organisiert Referenten, um einen Nachmittag im Monat für die, wie Dr. Hantschmann bemerkt, »stark schrumpfende Gruppe« zu

Das ›Haus der Heimat‹ ist voller Erinnerungen an eine vergangene Welt

gestalten. Auch die Betreuung der ostpreußischen Museumsstube im ›Haus der Heimat‹ gehört zu ihren Aufgaben – ein Raum, vollgepackt mit Erinnerungen in Form von Bildern bis hin zu Geschirr.

Das schöne Fachwerkhaus besitzt Bernd Hinz, der seit vielen Jahren Vorsitzender der ›Kreisgemeinschaft Preußisch Holland‹ ist, dem Zusammenschluss der geflüchteten, vertriebenen und nach 1945 ausgesiedelten deutschen Bewohner des früheren Kreises Preußisch Holland in Ostpreußen. Sein Gebäude hinter dem Klosterhof, eines der ältesten erhaltenen Häuser der Stadt, hat eine wechselvolle Geschichte hinter sich. 1791 erstmals erwähnt, gehörte es zunächst Gräfin Christine Sophie Dorothea von Ahlefeldt, dann Klosterhofmeister Mohrhagen, gefolgt von zwei Klosterdamen derer von Blome und Weinhändler Struve. Später wurde es von einem Zahnarzt genutzt, bevor die Stadt Itzehoe es 1970 kaufte und die Bücherei darin einrichtete. Als diese 1986 umzog, überließ man das Haus den Vertriebenenverbänden. Jede Provinz – von den Pommern über die Schlesier bis zu den Ostpreußen – bezog ein eigenes Zimmer. Als Sparmaßnahmen die Stadt dazu zwangen, das Haus aufzugeben, kaufte es Bernd Hinz 2000 für die Kreisgemeinschaft.

Die heutige Ausgestaltung der Räume im ›Haus der Heimat‹ widmet sich Themen wie der Partnerschaft Itzehoes mit dem polnischen Ort Pasłęk oder Gutsbesitzern aus Preußisch Holland. Die Gruppen der Vertriebenen anderer Regionen sind längst wieder ausgezogen. Nur die ostpreußische Museumsstube ist noch übrig. Einmal im Jahr, wenn das Treffen der Preußisch Holländer in Itzehoe stattfindet, organisiert Dr. Jutta Hantschmann mit ihren Helferinnen eine Willkommensausstellung. Doch wie lange noch? 44 Mitglieder seien es noch in der Itzehoer Landsmannschaft, mehr als 1.000 waren es einmal. Und fast alle seien älter als 80 Jahre, der Nachwuchs fehle, bemerkt die Ärztin mit zunehmend bangem Gefühl. Zwar zeige sich in Gesprächen, dass nahezu jeder eine Tante, Oma oder Bekannte hat, deren Wurzeln in Ostpreußen liegen, doch das Interesse an der Region sei beim Nachwuchs gering. Das Bewusstsein, dass die Gebiete einmal zu Deutschland gehörten, sei verloren gegangen, das Thema zudem durch den Nationalsozialismus negativ belegt. Dr. Jutta Hantschmann klingt resigniert, wenn sie von den Schwierigkeiten mit den Schulen spricht, von erfolglosen Anrufen bei Lehrern, davon, dass nur äußerst selten eine Klasse zu Besuch komme. Dabei biete das ›Haus der Heimat‹ doch ideales Anschauungsmaterial für den Geschichtsunterricht.

Die 80-Jährige reagiert auf einen Vorwurf, ohne dass er überhaupt ausgesprochen wird. »Es geht nicht um ein Wiederhabenwollen!« Um was dann? Warum ist es so wichtig, daran zu erinnern? Diese Überlegung scheint Dr. Jutta Hantschmann zu erstaunen. Doch die Antwort lässt keine Sekunde auf sich warten. »Es ist ein Teil unserer Geschichte. 700 Jahre deutsche Geschichte.«

HAUS DER HEIMAT
HINTER DEM KLOSTERHOF 19
25524 ITZEHOE
WWW.PREUSSISCH-HOLLAND.DE

13 Uhrmacher aus Berufung

Armin Mantei in der Feldschmiede

Mit einem Wecker fing alles an. Als Armin Mantei zwölf Jahre alt war, bekam er ihn von seiner Großmutter geschenkt. Der Junge baute ihn auseinander, widmete sich mit einer Engelsgeduld den kleinen Rädchen und Schrauben – und wusste: Ich will Uhrmacher werden. Inzwischen hat Mantei die 50 überschritten und arbeitet seit mehr als 30 Jahren in diesem Beruf. Über Wecker ist er allerdings längst hinaus. In seiner Werkstatt in der Oberen Feldschmiede repariert er nicht nur Uhren aller Art, sondern er entwirft und baut auch eigene.

Mit der gleichen Sorgfalt wie damals als Junge wendet er sich jedem einzelnen Teilchen zu. Hightech-Maschinen oder einen Computer sucht man in seiner Werkstatt vergeblich – hier wird alles in Handarbeit erledigt, vom Aussägen des Blechs über das Feilen der Zeiger bis zur filigranen Gravur. Einzig das Stahlgehäuse für die Armbanduhren lässt Mantei aus der Schweiz liefern, alles andere macht er in Eigenregie. Und damit ist er so einzigartig wie seine Werke. »Ich habe in Deutschland noch niemanden gefunden, der das wie ich macht«, bekräftigt der Itzehoer.

Der Weg zur Uhr beginnt meist bei einem Glas Riesling auf dem heimischen Sofa. Alles, was Armin Mantei in diesem Moment an Ideen im Kopf herumschwirrt, zeichnet er auf. Für den Laien sehen die Entwürfe aus wie Grundrisse einer Wohnung, kaum vorstellbar scheint es, dass daraus jemals eine Uhr entstehen soll. Fünf bis zehn Stunden dauert es, bis die Konstruktion ausgereift ist, oft steckt der Teufel im Detail. »Wenn etwas schwierig umzusetzen ist, überlege ich so lange, wie ich es besser machen könnte, bis ich eine Lösung habe«, erklärt Mantei. »Man muss dazu schon die Zeit und die Muße haben.« Einen Aktenordner hat er bereits mit Einfällen prall gefüllt. Darin finden sich auch Skizzen für Zeiger – von spitz bis bauchig, von eckig bis rund. »Man kann nicht einfach anfangen zu bauen, ohne Zeichnung ist es hoffnungslos.«

Wenn es schließlich in der Werkstatt hinter dem Verkaufsraum des Uhren- und Schmuckgeschäfts am Rande der Itzehoer Einkaufs-

Wie diese Armbanduhr ist jede von Manteis Uhren ein Unikat

meile an die Umsetzung geht, braucht der Uhrmacher vor allem eines: eine ruhige Hand. Die kleinen Ecken und Bögen der filigranen Zeiger sind mit bloßem Auge kaum zu sehen. Armin Mantei benutzt ein Mikroskop, um sie aufs Blech zu übertragen. Dann werden sie ausgeschnitten und gefeilt. Bis einer fertig ist, vergehen fünf Stunden. Für die komplette Uhr braucht Armin Mantei 30 bis 50 Stunden. »Man muss geduldig sein, fleißig arbeiten«, sagt der Itzehoer. Die Feinmotorik komme im Laufe der Jahre von alleine.

Mit seiner eigenen Kollektion will er zeigen, so Mantei, »was geht«. Und es geht viel: Der Uhrmacher verarbeitet Silber, Gelb-, Weiß- und Rotgold, aber auch Stahlplatten. Manche Zifferblätter schleift er matt, andere schneidet er einfach aus Blechen heraus und verzichtet auf eine weitere Oberflächenbehandlung. Es gibt Modelle, bei denen man um die Ecke denken muss, um die Zeit abzulesen, bei einigen bewegt sich nicht der Stundenzeiger, sondern die Stundenscheibe. Manche Uhren haben einfach ein schlichtes, gebläutes Stahlzifferblatt, andere haben ein gestreiftes Blatt samt Chronograf und Datumsanzeige. Nur drei Dinge haben alle gemeinsam: Jede Uhr ist ein Einzelstück, jede trägt den Namen eines Sterns – und jede baut Armin Mantei eigentlich für sich selbst. »Und wenn sie dann fertig ist, merke ich, dass ich ja schon eine am Handgelenk habe«, sagt er lachend. Also landen sie in den beleuchteten Schaufenstern des roten Backsteingebäudes.

Von drinnen kann Mantei nicht sehen, wer draußen in die Auslage schaut, aber er kann sehen, wo die Füße stehen bleiben. Tun sie es vor der Vitrine mit seinen Uhren, schlägt sein Herz ein bisschen schneller. »Manchmal kommen Leute rein und sprechen mich darauf an«, berichtet er. Dann freue er sich und genieße die Anerkennung. Um die gehe es natürlich auch, gibt er zu. »Man lebt ja nicht vom Brot alleine.« Sein Hauptanliegen sei es jedoch zu demonstrieren, dass man als Handwerker kreativ arbeiten kann. Davon leben könne er längst noch nicht – für den Unterhalt sorgen die Reparaturen und der Schmuckverkauf. »Ich kann damit allerdings ein Image aufbauen und das Handwerk pflegen.« Er fühle sich während des Schaffensprozesses wie ein Künstler. Und wenn das, was er sich ausgedacht hat, am Ende fertig ist, wenn er etwas gebaut hat, das es nur ein einziges Mal auf der Welt gibt, »ist das einfach eine befriedigende Sache«.

Wenn Armin Mantei von seinen Uhren spricht, erhält man den Eindruck, sie seien fast wie seine Kinder. Beinahe zärtlich geht er mit ihnen um, schaut sie liebevoll an, beschreibt mit geröteten Wangen überschwänglich ihre Details. Deshalb würde er auch nie eine von ihnen einfach lapidar per Post verschicken. Wer eine Uhr aus der Kollektion ›A. Mantei‹ haben will, muss schon persönlich nach Itzehoe in die Feldschmiede 86 kommen. »Ich muss mit den Leuten reden, bevor sie eine kaufen, muss mit ihnen über die Philosophie sprechen, die dahinter steckt, der Käufer muss sie in die Hand neh-

Diese historische Flötenuhr kam im Jahr 2009 in Manteis Obhut

men – dann hat er einen ganz anderen Bezug dazu. Uhren sind etwas Emotionales.« Einige seiner Werke gebe er allerdings nur höchst ungern her, gibt er zu. »Es würde mir schwerfallen, sie zu verkaufen.« Er tut es natürlich trotzdem. »Ich will ja damit die Leute beglücken. Sie sollen sich daran erfreuen.« Zudem müsse er die Uhren vorfinanzieren, stecke viel Geld hinein. »Man muss loslassen können«, sagt Mantei lächelnd.

Wenn er schließlich Abschied genommen habe, dann könne er sich auch wieder mit Elan anderen Aufgaben widmen – manchmal sehr viel größeren. Denn mitunter landen in der kleinen Werkstatt zwischen dem winzigen Zubehör seiner Armbanduhrenkollektion große Kartons mit den Einzelteilen stattlicher Flötenuhren, einer Kombination aus Uhr und Orgel, bei der zur vollen Stunde statt eines Gongs eine Melodie erklingt. Sie finden von allen Kontinenten ihren Weg nach Itzehoe. Denn für diese besonderen Großuhren, die ihre Blütezeit im 18. und 19. Jahrhundert erlebten, gibt es zwar einen weltweiten Sammlerkreis, aber nur äußerst wenige Uhrmacher, die sich damit auskennen. Armin Mantei ist einer von ihnen. Gelernt hat er diese Fertigkeit in der Uhrmacherwerkstatt von Matthias Naeschke in Haigerloch in Baden-Württemberg. Dorthin zog es Armin Mantei, der damals in Stralsund lebte, Ende der 80er-Jahre. In Kennerkreisen als der ›Papst‹ der Flötenuhrliebhaber bekannt, ließ Naeschke die alte Handwerkskunst wieder aufleben, nachdem die besonderen Stücke zwischen 1850 und 1984 nicht mehr gebaut worden waren. Und der Itzehoer war hautnah dabei. »Matthias Naeschke hat die Uhren konstruiert, ich habe sie gebaut.« Aufträge aus Japan waren keine Seltenheit. Und auch an einer Uhr für König Hassan von Marokko hat Mantei schon gearbeitet.

Als das Heimweh nach Norddeutschland zu groß wurde und sich für Armin Mantei und seine Frau Sandra 1999 die Möglichkeit bot, das 1957 gegründete Uhren- und Schmuckgeschäft von Gerd Hinst zu übernehmen, brachte er das Wissen und die Erfahrung mit nach Itzehoe. Hier im Norden sind Flötenuhren weniger bekannt, und Armin Mantei kennt keinen Uhrmacher in der Umgebung, der sich mit den komplizierten Geräten auskennt. »Es ist viel Denkarbeit. Man muss sich bei den Teilen ganz genau überlegen, wie man rangeht«, erklärt er. Schließlich gehören zu diesen Stücken nicht nur Zeiger und Uhrwerk, sondern auch Pfeifen und Bälge.

Doch genauso gerne kümmert er sich um die gängigen Armbanduhren. Sein Können hat sich herumgesprochen, selbst Itzehoer Mitbewerber schicken manchmal Kunden in die Feldschmiede. »Das Schöne ist, dass ich bei Reparaturen einen festen Zeitrahmen habe – dann sind die Uhren fertig und sauber«, erklärt Mantei. »Das ist wie bei einer frisch geputzten Wohnung: Das ist schön, man fühlt sich wohl.«

Armin Mantei kann stundenlang über seinen Beruf – seine Berufung – schwärmen. Er ist selbst nach so vielen Jahren noch Feuer und Flamme dafür, ist noch mit genauso viel Herzblut dabei wie vor über 40 Jahren, als er seinen ersten Wecker auseinandergenommen hat. »Es macht Spaß, es wird mir nicht über«, erklärt Mantei mit Nachdruck. »Uhren sind meine Leidenschaft. Ich gehe jeden Morgen gerne in die Werkstatt und habe abends schon Ideen für den nächsten Tag.«

JUWELIER A. MANTEI
FELDSCHMIEDE 86
25524 ITZEHOE
WWW.A-MANTEI.DE

14 Der bunte Hund

Trotzki beim Dackelrennen vor dem Landgericht

»Ist er das? Das ist er doch!« Wenn Eick vom Eisenmännchen in der Stadt unterwegs ist, dauert es nicht lange, bis sich die ersten Bewunderer um ihn scharen. Dabei ahnen die meisten Itzehoer nicht einmal etwas von seiner adeligen Abstammung und seinem tadellosen Stammbaum. Sie haben keine Ahnung, dass sein Vater Gunvald ein holländischer Champion ist. Ja, sie wissen nicht einmal, dass Eick Eick heißt. Denn seit er im März 2007 im zarten Alter von 13 Wochen aus dem niedersächsischen Stolzenau nach Itzehoe gezogen ist, trägt er den Namen Trotzki – und hat eine beeindruckende Karriere hingelegt: Er ist der Ideengeber für das Itzehoer Dackelrennen, das jedes Jahr auf der Wiese vor dem Landgericht ausgetragen wird.

Geboren als spontaner Einfall, um den verkaufsoffenen Sonntag zu beleben, machten sich schon bei der ersten Veranstaltung im Oktober 2007 mehr als 60 Vierbeiner auf die Jagd nach der ›Goldenen Wurst von Itzehoe‹. Im zweiten Jahr musste bereits ein Anmeldestopp verhängt werden, so viele Hunde wollten mitlaufen. Inzwischen ist das Dackelrennen zur Kultveranstaltung avanciert. Am Theodor-Heuss-Platz, wo das Landgericht 2005 das ehemalige Postgebäude bezogen hat, geht es einen Tag lang nicht um Schuld und Sühne, sondern um Schlappohren – selbst die Moderatoren tragen welche. Mehr als 100 Vierbeiner gehen jedes Jahr in den Klassen ›Dackel‹ und ›Nicht-Dackel‹ an den Start. Genau wie die Besucher des Gerichts, das die Kreise Dithmarschen, Steinburg und Pinneberg umfasst, kommen sie längst nicht nur aus Itzehoe. Sie reisen aus ganz Schleswig-Holstein, aus Niedersachsen und Hamburg an. Sogar Teilnehmer aus Berlin und Bayern waren schon dabei. Die 50-Meter-Strecke, die direkt neben der ehemaligen Störschleife verläuft, wird bei dem Wettstreit von Hunderten Zuschauern sowie Dutzenden Fotografen und Kamerateams gesäumt. In den bundesweiten Medien wurde bereits über die Veranstaltung berichtet, sogar das Titelbild eines Magazins in den USA schmückten die flitzenden Dachshunde aus Itzehoe. Dabei ist die Schnelligkeit, bis zu rund 25 Kilometer in der Stunde, oft Nebensache.

Fliegende Ohren und packende Zweikämpfe gibt's beim Dackelrennen zu erleben

Denn während einige Hunde auf der Grasbahn schnurstracks über die Ziellinie schießen, schreiten andere die Strecke gelassen ab, machen auf der Hälfte kehrt oder laufen gar nicht erst los.

Trotzki ist als Schirmdackel das Aushängeschild des Rennens. Wenn er zur Begrüßung ins Mikro knurrt oder zur Eröffnung die Strecke abläuft, wird er gefeiert wie ein Star. Er bekommt Liebesbriefe von Dackeldamen, Einladungen ›zum Fresschen‹, gibt Autogramme und Interviews und bellt auf seiner eigenen Facebook-Seite mit Anhängern aus ganz Deutschland. Als Pressedackel wirft er in seiner Kolumne ›Trotzkis Welt‹ in der ›Norddeutschen Rundschau‹ einen frechen Blick auf das tierische Leben in Itzehoe. Wie es sich für einen Rauhaardackel gehört, mit ebenso viel Scharf- wie Eigensinn. Mit dieser Art fand er erste Fans – von Pudeln einmal abgesehen, denn die nimmt er besonders gern aufs Korn.

Trotzki hat den Dackel wieder salonfähig gemacht – und Itzehoe über Grenzen hinweg bekannt. Längst wird nicht mehr nur gerannt, Itzehoer Konditoreien servieren Dackeltorte, im Kreismuseum Prinzeßhof gab es 2008 begleitend zum Wettlauf die Ausstellung ›Kult auf krummen Beinchen‹ – inklusive Wahl zu ›Germany's

Next Top-Dackel‹ – und sogar ein Dackelballett trat schon auf. Und selbst ins Stadtgeschehen mischen sich die Vierbeiner ein und buddelten 2012 symbolisch den alten Flusslauf wieder auf, um die Initiative ›Störauf‹ zu unterstützen, die sich die Wiederöffnung der Störschleife im Zentrum vorgenommen hat.

Bürgermeister Dr. Andreas Koeppen, der Trotzki seit 2011 als Schirmherr zur Seite steht, freut sich über den tierischen Ruhm. »Das Dackelrennen ist eine originelle Idee und ein hervorragender Sympathieträger für die Stadt. Das ist Werbung, die gar nicht zu bezahlen ist.« Die weltweite Resonanz sei faszinierend. Die Veranstaltung sei ein großer Erfolg, der positive Schlagzeilen bringe. »Und das ist genau das, was wir brauchen.« Es sei doch allemal besser, wenn die Menschen sagen »Itzehoe? Das ist doch der Ort mit dem Dackelrennen!« als »Itzehoe? Nie gehört!«. Zumal die Veranstaltung das Motto der Region ›Hightech und Lebenslust im Norden‹ mit Leben fülle. »Schöner kann man den Begriff Lebenslust kaum illustrieren«, sagt Dr. Andreas Koeppen. Er habe während des Ereignisses auf dem Gelände vor dem Landgericht immer nur in strahlende Gesichter geblickt. »Die Zuschauer haben einfach Spaß.« Auch deshalb unterstützt die Region Itzehoe, der Zusammenschluss Itzehoes mit seinen Umlandgemeinden, das Rennen regelmäßig als Sponsor.

Dafür verzeiht der Bürgermeister Trotzki auch lautstark kläffend zur Schau getragene Starallüren oder bissige Anmerkungen zur Stadtentwicklung. Schließlich weiß er um die sprichwörtliche Sturheit der Rasse. »Du sollst niemals einem Dackel widersprechen.«

LANDGERICHT ITZEHOE
THEODOR-HEUSS-PLATZ 3
25524 ITZEHOE
WWW.DACKELRENNEN-ITZEHOE.DE

15

Menschenfreundin im Dienst

Eva Ulrich in der Stadtkirche St. Laurentii

Der barocke Altar mit seinen Holzschnitzereien, die wohlklingende Sauer-Orgel oder die umlaufende Empore mit den Logen für die Klosterdamen: Die St.-Laurentii-Kirche hat viele Schmuckstücke zu bieten – und Eva Ulrich schätzt sie alle. Doch die Seniorin kennt auch Ecken des 1718 erbauten Gotteshauses, die dem Besucher verborgen bleiben. Sie kann Dinge über das größte sakrale Bauwerk der Stadt erzählen, von denen andere nicht einmal etwas ahnen. Sie weiß zum Beispiel, dass man nie alle Glocken gleichzeitig anschalten darf, sondern immer nur eine nach der anderen. »Sonst springen die Sicherungen raus«, erklärt sie. Und sie weiß auch, an welchem Pfeiler der kleine, geheime Messingknopf versteckt ist, der gedrückt werden muss, damit der Organist auf der Empore rechtzeitig zum Einzug der Braut die Musik erklingen lässt. Wenn Eva Ulrich in die Kirche geht, setzt sie sich nicht in eine der grauen Bankreihen, sondern sie steuert die große Schalttafel gleich hinter der Glastür rechts an. Zielsicher wählt sie aus den vielen Knöpfen und Hebeln den richtigen aus, um das Licht oder das Mikrofon einzuschalten. Die Itzehoerin ist eine von vielen ehrenamtlichen Helfern, die den Küsterdienst in der evangelischen Innenstadtgemeinde übernehmen. Schon bevor die ersten Gottesdienstbesucher die Kirche betreten, ist sie da, zündet Kerzen an, wärmt Wasser für die Taufe vor oder stellt Kelche für das Abendmahl bereit. Sie begrüßt die Besucher am Eingang, verteilt Gesangbücher und sorgt dafür, dass Spielsachen griffbereit liegen, falls Kinder unruhig werden. Während der Pastor dann predigt, achtet Eva Ulrich darauf, dass sich die Tür hinter verspäteten Gästen leise schließt, weist den Weg zur Toilette oder eilt mit einem Glas Wasser herbei, wenn ein Besucher einen Hustenanfall bekommt. In ihrer Funktion als Küsterin liest sie auch selbst Bibeltexte vor.

All das ist für Eva Ulrich keine lästige Pflicht, sondern sie tut es von Herzen gern, sie ist dabei in ihrem Element. Ihrem warmen, aufmerksamen Blick entgeht nichts, fast scheint es, als ahne sie schon,

Manches aus der Vergangenheit liegt versteckt in der Stadt wie der älteste erhaltene Rest der mittelalterlichen Klosteranlage: ein Teil des Kreuzganges an der Nordwand der Kirche

was gebraucht wird, bevor das Problem auftritt. »Ich mag einfach die Menschen und gehe auf sie zu«, sagt sie. Eva Ulrich merkt genau, wer Kontakt wünscht und wer lieber in Ruhe gelassen werden möchte. Mit Feingefühl fragt sie nach, was los war, wenn jemand länger nicht zum Gottesdienst gekommen ist, oder spendet tröstende Worte, manchmal reicht schon ein fester Händedruck. »Man muss sich auf die Leute einstellen«, meint sie. »Das ist etwas, was ich aus meiner Arbeit bei der Schwesternschaft Ostpreußen kenne.«

25 Jahre lang war Eva Ulrich Oberin der Schwesternschaft unter dem Dach des Deutschen Roten Kreuzes. In dem Verein sind Mitglieder aus unterschiedlichen Pflegeberufen organisiert. Die Schwesternschaft ist Ausbildungsträger an Krankenpflegeschulen, betreibt Pflegeeinrichtungen und berät ihre Mitglieder in beruflichen und persönlichen Angelegenheiten. Bei all diesen Aufgaben hat Eva Ulrich nicht nur gelernt, sich auf ihre Menschenkenntnis zu verlassen, sondern auch als Frau ihren Mann zu stehen. Sie ist selbstbewusst, geradlinig und sagt, was sie denkt. »Ich bin so erzogen worden, dass ich ansprechen kann, was mich stört«, erklärt sie. Und ebenso hält sie es

bei ihrer ehrenamtlichen Tätigkeit »bei Kirchens«, wie sie es nennt – selbst, wenn sie dadurch das ein oder andere Mal aneckt.

Allein wäre Eva Ulrich wohl nicht auf die Idee gekommen, für den Kirchengemeinderat zu kandidieren. Eine Bekannte hat sie 1997 dazu gedrängt und prompt wurde sie in das Gremium gewählt, in dem sie bis 2008 blieb. Während dieser Zeit begann die Itzehoerin mit ihrer Tätigkeit als Küsterin. Fünf Jahre lang hatte sie die Koordination für den Küsterdienst inne, teilte für jeden Gottesdienst und jede Veranstaltung die beiden diensthabenden Personen ein.

Eva Ulrich hält sich gerne in der St.-Laurentii-Kirche auf. Sie mag die Atmosphäre in dem barocken Backsteinsaalbau, die sie noch intensiver spürt, wenn sie dort als Sängerin in der Kantorei auftritt, inmitten der Geborgenheit, die sie in der Gruppe empfindet. »Es ist etwas besonders Schönes, hier zu singen.« Und auch wenn es fünf weitere evangelische Gotteshäuser in der Stadt gibt, sei St. Laurentii einfach *die* Kirche in Itzehoe, findet Eva Ulrich. »Ich mag es, dass St. Laurentii nicht so über-ausgeschmückt ist.« Üppige Symbolik sei nichts für sie, Schnörkellosigkeit und Bescheidenheit entspreche ihrem Naturell weit mehr als inszenierte Dramatik. Wenn es nach Eva Ulrich ginge, wären die Strahler im Innenraum auf den Altar mit seinen 24 Szenen aus der Heilsgeschichte ausgerichtet, nicht auf das große Triumphkreuz. Wegen solcher Fragen führe sie hin und wieder mit den Pastoren »kleine Diskussionen auf Augenhöhe«, wie sie berichtet. Die Augenhöhe ist dabei entscheidend. Am Ende geht es Eva Ulrich nicht darum, wer sich durchsetzt. Sie akzeptiert andere Meinungen, andere Persönlichkeiten. »Wir müssen die Menschen nehmen, wie sie sind«, betont sie. »Wir haben keine anderen.«

STADTKIRCHE ST. LAURENTII
KIRCHENSTRASSE 8
25524 ITZEHOE

16

Gastgeber mit Starqualitäten

Jeffrey Littmann im Restaurant ›himmel + erde‹

Wache Augen hinter den Brillengläsern, entwaffnend unbekümmert, ein verschmitztes Lächeln und immer einen flotten Spruch auf den Lippen – Jeffrey Littmann muss man einfach mögen. Und genau das tun die Besucher im ›himmel + erde‹. Dem Mittzwanziger fliegen die Herzen zu. »Ich bin am liebsten im Servicebereich tätig, weil ich da die Leute unterhalten kann. Den Gästen bringt es Spaß, dass ich hier bin«, erklärt der Kellner. »Mir selbst gefällt es auch, ich finde es gut, in so einem tollen Restaurant arbeiten zu dürfen.«

Dabei wollte Jeffrey eigentlich Gärtner werden. Doch während eines Praktikums im ›himmel + erde‹ fand er seine wahre Berufung. Seit Anfang 2011 wird das Restaurant von den ›Glückstädter Werkstätten‹ betrieben, einer Einrichtung der Norddeutschen Gesellschaft für Diakonie, die Menschen mit Beeinträchtigungen dort einen Arbeitsplatz bietet. Sie haben das 1709 erbaute Gebäude aus dem Dornröschenschlaf geweckt. Das ›Alte Katasteramt‹, wie es aufgrund seiner früheren Nutzung im Volksmund heißt, stand lange leer. Für Jeffrey Littmann ist es »das beste Haus in Itzehoe«. Am meisten genießt er es, wenn Hochzeiten gefeiert werden. »Das ist ein besonderes Feeling.« Er ist motiviert bis in die Spitzen seines Bürstenhaarschnitts. »Egal was passiert, der Chef kann mich immer rufen!«

Restaurantleiter Werner Ehart nennt Jeffrey liebevoll »unseren Star«. Er habe die Gastgebermentalität, begeistere mit seiner Menschenfreundlichkeit. »Manchmal muss man ihn regelrecht bremsen – er könnte zum Politiker werden.« Jeffrey nickt eifrig. »Das könnte ich«, meint er, überlegt kurz und sagt: »Aber den Chef würde ich mitnehmen.«

HIMMEL + ERDE
KIRCHENSTRASSE 5
25524 ITZEHOE
WWW.HIMMELUNDERDE.SH

Landleben in der Stadt

Jens Frahm am Bellerkrug

Zwischen Futterhaus und Einrichtungsfachmarkt hindurch, an der alten Zementfabrik ›Alsen‹ vorbei, auf einem kleinen Weg am Stördeich entlang, bis es nicht mehr weitergeht – wo für viele Itzehoer das Ende der Welt erreicht scheint, fängt Jens Frahms Reich erst an: Hier bewirtschaftet er den Hof Bellerkrug und ist damit einer der letzten vier Landwirte, die es in der Stadt noch gibt.

»Früher war das der Weg nach Heiligenstedten und an dieser Stelle war eine Gaststätte, daher kommt der Name ›Bellerkrug‹«, erklärt der Mittfünfziger. Seit 1809 bestehen die Gebäude, bis 1965 gehörte das Gelände zu ›Alsen‹. 1931 hat der Großvater von Jens Frahm das Anwesen gepachtet, 1965 wurde es gekauft und erweitert. Milchwirtschaft ist heute der Hauptzweig, dazu kommen Bullenmast und Getreideanbau. 270 Tiere und 130 Hektar Land gehören zum Gut, bis in die 70er-Jahre war auch eine Traberzucht angeschlossen.

Schon als er noch ein kleiner Junge war, stand für Jens Frahm fest, dass er den Hof von seinen Eltern Heinz und Helga übernehmen würde. »Ich bin aus Überzeugung Landwirt geworden«, bekräftigt er. Inzwischen ist mit Tochter Jana die vierte Generation an Bord, mit Enkel Hannes wächst die fünfte heran. »Die Zukunft ist gesichert.«

Dabei hätte es das Gehöft um ein Haar nicht mehr gegeben. »1970/71 sollten wir hier weg«, erzählt Frahm. Auf dem Gelände sollte die Müllhalde entstehen, die später in Ecklak gebaut wurde. Der ursprüngliche Plan sah vor, die Senke aufzufüllen, in der der Hof liegt. »Die Deponie in der Suder Marsch war voll und man dachte, dass es hier gut passen würde.« Im ganzen Land reiste Familie Frahm umher, um einen neuen Standort zu finden – und konnte schließlich bleiben, weil das Vorhaben scheiterte. »Damals wollten sie das alles voll Müll kippen, heute liegen hier viele ökologische Ausgleichsflächen der Stadt«, erklärt Frahm. »So ändern sich die Zeiten.« Doch noch ein weiteres Mal stand die Zukunft des Betriebs zur Debatte: Als Ende der 80er-Jahre die benachbarte Zementfabrik ›Alsen‹ geschlossen und in der Folge über die Nutzung der Industriebrache

Ackern mit Stadtsilhouette: Jens Frahm und seine Familie setzen auf Familientradition

diskutiert wurde, ging es auch um die Grundsatzfrage: Wollen wir an dieser Stelle einen Bauernhof erhalten? Alle Behörden haben sich dafür ausgesprochen, weiß Frahm, und dabei ist es bis heute geblieben.

Für den Landwirt ist die Lage ideal. »Wir liegen ruhig und abgelegen und trotzdem nah zum Zentrum.« Alle wichtigen Einrichtungen wie Mühle, Schlachthof oder Landmaschinenhandel seien in der Nähe. Es gibt nur einen einzigen Nachbarn, und zu dem hat die Familie ein sehr gutes Verhältnis. Spaziergänger, die sich gestört fühlen könnten, kämen so gut wie nie vorbei. Die meisten Itzehoer wüssten gar nicht, dass es hier überhaupt noch Häuser, geschweige denn einen Bauernhof gibt.

Doch der Standort berge einen großen Nachteil in sich: Er befindet sich auf Stadtgebiet. »Da sind manche Auflagen höher«, erklärt Frahm. Als er den Bauantrag für einen Liegeboxen-Laufstall für seine Kühe gestellt habe, wusste im Rathaus kaum jemand damit etwas anzufangen. Zudem betreffe es die Familie hautnah, was nebenan auf dem ungenutzten Alsen-Gelände geschieht. »Früher, als noch Zement produziert wurde, waren der Staub und die Beeinträchtigungen bei der Durchfahrt ein Problem«, erinnert sich Frahm. Dafür habe der

Kalkausstoß den Boden angereichert. Als Tochter Jana noch zur Schule ging, habe sie von Mutter Petra gefahren oder auf dem Rad begleitet werden müssen, da die Eltern sie nicht alleine durch die unbeleuchtete Industriebrache hatten radeln lassen wollen. Inzwischen habe sich die Anbindung durch die neuen Gewerbeansiedlungen verbessert.

Mit Leib und Seele geht Frahm auf dem Anwesen am Stadtrand seinem Beruf nach. »Der Umgang mit der Natur und den Tieren macht Spaß«, erklärt er. »Dieses Gefühl, etwas gestalten und prägen zu können, ist schön.« Gerade im Frühjahr, wenn dort, wo wenige Wochen zuvor noch karges Braun zu sehen war, plötzlich sattes Grün sprießt, sei seine Aufgabe erfüllend. Wenn er seine Tochter sieht, die ein äußerst gutes Auge und Händchen für Tiere habe, oder mit seinem Enkel Trecker fährt, kann er sich keinen schöneren Beruf auf der Welt vorstellen. Einzig eine Sache kann ihm die Laune verderben: die zunehmende Bürokratie. So besonnen und ruhig Jens Frahm sonst ist – bei dem Thema redet er sich in Rage. »Man vertraut uns nicht, sondern prüft alles doppelt und dreifach«, ärgert er sich. »Wir müssen alles 100-mal dokumentieren und nachweisen.« Ein Hof sei auf dem Papier in Ordnung, wenn alle Formalien korrekt seien; über die Praxis sage das wenig aus. »Wenn mein Land unter Wasser steht, habe ich trotzdem irgendwas falsch gemacht.« Gülle und Mist hießen jetzt ›stickstoffhaltige Düngemittel‹. Und *wann* er sie aufs Feld bringen dürfe, könne er selbst kaum noch nachvollziehen. »Ein bisschen mehr Verständnis« wünscht er sich. In Brüssel, in Berlin – aber auch in Itzehoe. Es gebe im Ort viele Betriebe, die an der Landwirtschaft hängen, von der Mühle über die Molkerei bis zum Mineralölhändler. Doch so abgelegen der Hof Bellerkrug liegt, so distanziert seien die Stadtväter.

BELLERKRUG 3
25524 ITZEHOE

In der Welt zu Hause

Renate Wilms-Marzisch am Sophie-Scholl-Gymnasium

Eine Gruppe Engländer erkundet die Sehenswürdigkeiten, französische Gäste sind auf dem Itzehoer Weinfest unterwegs, polnische Besucher werden im Historischen Rathaus empfangen. Eine Person ist dabei stets mittendrin: Renate Wilms-Marzisch. Die Mittsechzigerin ist seit 2011 Vorsitzende des ›Vereins zur Förderung der Partnerschaften, Patenschaften und Freundschaften der Stadt Itzehoe‹, den sie 1995 mitgegründet hat. Es bestehen Partnerschaften mit Cirencester in England, La Couronne in Frankreich und Pasłęk in Polen sowie eine Städtefreundschaft mit Malchin in Mecklenburg-Vorpommern. Zudem wird die deutsche Schule in Rothenkrug (Nordschleswig) betreut. Doch Wilms-Marzisch sorgt nicht nur im Verein dafür, dass Verbindungen zwischen den Bürgern dieser Städte gepflegt werden. Als Fremdsprachenlehrerin am Sophie-Scholl-Gymnasium (SSG), das als drittes Gymnasium in Itzehoe 1970 seinen Betrieb aufgenommen hat, legt sie zudem Wert darauf, dass möglichst viele Kinder und Jugendliche die Möglichkeit erhalten, internationale Erfahrungen zu machen. Die Schüleraustausche des Kreisgymnasiums, wie die Bildungsstätte zunächst hieß, bildeten gemeinsam mit den Jugendbegegnungen anderer Gruppen die Basis für das Zustandekommen der Verbindungen mit England und Frankreich.

Katrin Götz: Sie sprechen Englisch, Französisch und Italienisch, beherrschen zudem Latein. Wann hat die Begeisterung für Sprachen begonnen?
Renate Wilms-Marzisch: Ich hatte das Glück, dass meine Eltern mit meiner Schwester und mir viel verreist sind. Wir sind schon ab 1961 nach Italien auf einen Campingplatz gefahren. Ich wollte die Leute immer verstehen, wollte am Strand mit den Italienern reden. Also habe ich angefangen, mein Schullatein anders auszusprechen – und die Italiener verstanden mich. Diese Erfahrungen haben mein Interesse an fremden Kulturen geweckt.
Später haben Sie in verschiedenen Ländern gelebt. Wo und warum?
Während meines Studiums der Anglistik und Romanistik war es für mich klar, dass ich längere Zeit im Ausland verbringe, denn als zukünf-

Renate Wilms-Marzisch in ihrem Element: Verabschiedung der polnischen Delegation aus Pasłęk nach den Jubiläumsfeiern zum 25-jährigen Bestehen der Partnerschaft mit La Couronne 2013

tige Fremdsprachenlehrerin wollte ich die Länder, die Sprache und vor allem die Mentalität der Menschen richtig kennen- und verstehen lernen und meine Kenntnisse nicht allein aus Büchern schöpfen. Durch verschiedene Stipendien erhielt ich die Möglichkeit, in Paris, Rom, Aberdeen und Dublin zu studieren.

Welche Erfahrungen durften Sie dort machen?

Während meiner Auslandssemester traf ich überall Menschen, die mich sehr freundlich und hilfsbereit aufgenommen und die mir großes Interesse entgegengebracht haben. Diese positiven persönlichen Erfahrungen ließen in mir den Wunsch entstehen, einiges von dem, was ich erlebt habe, an andere weiterzugeben und so im Kleinen zur Völkerverständigung beizutragen. Als Lehrerin wollte ich die Fächer Englisch und Französisch mit Leben füllen und Schülern deutlich machen, welche Chancen Fremdsprachen in sich bergen. Sie sollten durch Besuche in den Ländern erfahren, dass Sprachen von der Anwendung leben und die Zensur eigentlich nur wenig mit der praktizierten Kommunikation zu tun hat. Gleichzeitig sollten sie hautnah erleben, dass die eigenen positiven Erfahrungen am besten zum Abbau möglicher Vorurteile beitragen.

Wie haben Sie das konkret angepackt?

Als ich nach meinem Studium Ende der 70er-Jahre nach Itzehoe zurückkam, begann der Stadtjugendpfleger Günter Pawletta gerade, Kontakte nach England und Frankreich aufzubauen und bat meine neue Schule, das Kreisgymnasium, um Unterstützung bei der Planung von Jugendbegegnungen mit Orten in der Charente Maritime in Frankreich. Aus diesen ersten Beziehungen über den Landesjugendring entstand eine Partnerschaft zwischen dem ›Collège d'Enseignement Secondaire‹ in La Couronne und dem heutigen Sophie-Scholl-Gymnasium, die auf Betreiben des damaligen Bürgermeisters von La Couronne, Bernard Desbordes, zu einer offiziellen Verbindung zwischen den Städten führte.

Im Frühjahr 2013 wurde das 25-jährige Bestehen der Partnerschaft der Städte gefeiert. Besteht auch die schulische noch?

Der Kontakt musste 1984 aus internen Gründen von französischer Seite unterbrochen werden. Das SSG fand zwei neue Partnerschulen in Nantes und Pornic. Der Austausch mit La Couronne wurde 1995 durch die damalige Realschule am Lehmwohld wieder aufgenommen. Außerdem gibt es seit 2011 für die Oberstufenschüler des SSG die Möglichkeit, ihr Wirtschaftspraktikum in La Couronne und Umgebung durchzuführen.

Geht die Städtepartnerschaft mit Cirencester ebenfalls auf Schülerbegegnungen zurück?

Der Austausch des SSG mit Cirencester ist mit der städtischen Partnerschaftsarbeit sogar noch stärker verzahnt. 1980 suchte Herr Pawletta eine Schule in Itzehoe, die bereit war, Kontakt mit der neu gegründeten ›Kingshill School‹ in Cirencester aufzunehmen. Ich wurde von der damaligen Schulleitung gebeten, mich darum zu kümmern und bahnte die ersten Beziehungen an. Im Juli 1981 fuhr ich zusammen mit meiner Kollegin Eva Schmidt und 18 Kindern nach England zum ersten 14-tägigen Schüleraustausch, der auf beiden Seiten ein voller Erfolg wurde. Seitdem gab es regelmäßig Besuche. Parallel zum Mittelstufenaustausch gab es später eine ›Work Experience‹, bei der die Oberstufen-

Immer mittendrin wie hier beim Festumzug zur 775-Jahr-Feier der Stadt

schüler ein einwöchiges Praktikum in einem Betrieb machten und bei College-Studenten wohnten. Auch in Jugendgruppen, wie dem Jugendspielmannszug, sowie auf kommunaler Ebene wurden Kontakte gepflegt. Im Oktober 1982 kam es zur offiziellen Städtepartnerschaft.

Wie kam es zur Gründung des Partnerschaftsvereins?

Nach der Pensionierung von Herrn Pawletta, der alles koordiniert hatte, wurde schnell klar, dass eine neue Anlaufstelle notwendig war. Deshalb beschlossen einige Privatpersonen, die schon vorher mit der Austauscharbeit zu tun hatten, einen Verein zu gründen, und gewannen den ehemaligen Bürgermeister Günter Hörnlein als Vorsitzenden. Unsere Intention war es, die bestehenden Beziehungen zu erhalten und zu erweitern. Außerdem hatten bis zu diesem Zeitpunkt nur wenige erwachsene Itzehoer die Partnerstädte kennengelernt. Deshalb setzte sich der Verein zum Ziel, auch die Kontakte zwischen den Erwachsenen zu fördern. Es gibt inzwischen regelmäßige Besuche, und es sind viele Freundschaften entstanden.

Sie koordinieren dabei nicht nur die Unterbringung der Gäste, sondern übersetzen oft die offiziellen Reden. Ist das nicht anstrengend?

Das Übersetzen macht mir viel Spaß, aber manchmal geht es auch an die Grenzen der Kräfte, zum Beispiel wenn ich erst abends die Rede bekomme und sie morgens schon fertig sein muss. Dazu kommt die Korrespondenz mit den Partnerstädten sowie die Übertragung von offiziellem und privatem Schriftverkehr. Zum Glück ergänzen sich mein Beruf und meine ehrenamtlichen Tätigkeiten auf hervorragende Weise. Freilich ist all dies nur möglich, wenn man einen Partner hat, der mitzieht. Mein Mann hat stets mitgemacht, er kommt sogar ganz geduldig mit nach Frankreich, obwohl er kein Französisch spricht.

Beim Austausch mit Pasłęk dagegen können Sie sich entspannt zurücklehnen. Haben Sie noch nicht mit dem Gedanken gespielt, auch noch Polnisch zu lernen?

In Polen fühle ich mich stets fürchterlich hilflos, weil ich nichts verstehe. Aber die Zeit hat bisher noch nicht gereicht, um die Sprache zu lernen. Mal schauen, was ich mache, wenn ich pensioniert bin.

Sie sind durch die Schüleraustausche und den Partnerschaftsverein oft in den Partnerländern unterwegs. Fahren Sie privat überhaupt noch in Urlaub?

Ja, wir fahren in verschiedene Länder. Im Herbst geht es meist nach Süditalien. Ich übersetze dort ebenfalls für befreundete Italiener, so verlerne ich die Sprache nicht. Es ist Erholung, einfach woanders zu sein und neue Eindrücke zu gewinnen.

Aber Sie kommen immer wieder zurück nach Itzehoe. Hatten Sie nie den Gedanken, in einem der Länder zu bleiben?

Ich fühle mich jedes Mal wohl, wenn ich dort bin, aber ich bin auch gerne hier. Man braucht seine Basis, und wenn man Kinder hat, ist es klar, dass man zurückkommt. Als unsere beiden Söhne noch klein waren, konnten wir nicht weit wegfahren, da haben wir uns die internationalen Kontakte hergeholt. Ich bin gern in Itzehoe. Ich finde, dass wir es hier gut haben. Natürlich freue ich mich ebenso, immer mal wieder woanders hinzukommen. Wenn Sommerferien sind, machen wir die Tür zu und sind für eine Weile weg.

SOPHIE-SCHOLL-GYMNASIUM
AM LEHMWOHLD 41
25524 ITZEHOE
WWW.SOPHIE-SCHOLL-GYMNASIUM-ITZEHOE.DE

HIGHLAND
PARK
ESTD 1798
LOKI
SINGLE MALT SCOTCH WHISKY

19

Der Genussexperte

Manfred Kröger von der Firma ›Ernst Flickenschild‹

Ein bisschen eingequetscht steht das kleine Häuschen da, wirkt winzig zwischen den mächtigen Bauten am Berliner Platz. Und doch ist es nicht zu übersehen: Mit seiner roten Fassade, der gestreiften Markise und dem ovalen grünen Schild mit der verschnörkelten Aufschrift ›House of Smoke‹ sticht das Gebäude der Firma ›Ernst Flickenschild‹ heraus, ebenso gut könnte es in Irland oder Großbritannien stehen. Dieser Eindruck bestätigt sich auch im Innern: Neben Zigarren, Tabak, Zeitschriften und Feuerzeugen füllen vor allem Whisky-Flaschen die Regale, ein großer Teil davon sind Single Malt Whiskys aus Schottland.

Inhaber Manfred Kröger liebt das Land und seine Einwohner. Mit dem lässig über das Jackett geworfenen Schal könnte er selbst aus einem schottischen Landhaus kommen. »Die Schotten sind gut drauf, entspannt und freundlich«, schwärmt er. »Mindestens einmal im Jahr machen wir dort Urlaub, besuchen Freunde.« Etwa 65 der 100 schottischen Whisky-Destillerien hat Manfred Kröger schon in Augenschein genommen. »Eigentlich ist es immer das Gleiche, trotzdem entdeckt man jedes Mal was Neues.« Und obwohl stets nur Wasser, Gerste und Hefe verwendet werden, gebe es eine unheimliche Geschmacksvielfalt. Entstanden sei der Whisky als Arme-Leute-Getränk, heute stehe der Genuss im Vordergrund. Und den hat der Itzehoer zu seiner Firmenphilosophie erhoben.

Der Whisky, der inzwischen ein wichtiges Standbein der Firma ist, kam erst spät ins Sortiment. Als Johann Flickenschild die Firma im Oktober 1905 in der Sieversstraße gründete, lag der Fokus auf Zigarren. Der Stadt ging es damals gut, die Einwohnerzahl stieg und so ging es stetig bergauf. Kriege und Inflation zogen zwar auch am Zigarrenhandel nicht spurlos vorüber, doch Generation um Generation schaffte es, den Betrieb zukunftsfähig zu gestalten. Als Manfred Kröger 1963 geboren wurde, bestand das Unternehmen bereits aus der Zentrale am Berliner Platz sowie drei Filialen im Kremper Weg, in der Reichenstraße und in der Feldschmiede. Doch noch immer war es ein reines Tabakwarenfachgeschäft. Erst als Manfred Krögers Eltern

Der Berliner Platz: eine Schöpfung der 70er-Jahre

Reinhard und Helga 1984 das Geschäft ihres Mitbewerbers Walter Maaß in der Breiten Straße 8 übernahmen, änderte sich das. Das dortige Sortiment mit ausgefallenen Spirituosen und einer Lotto-Annahmestelle wurde beibehalten.

So befasste sich Manfred Kröger, der nach dem Studium der Betriebswirtschaftslehre 1989 als fünfte Generation in die Firma einstieg, erstmals näher mit dem Thema Whisky. »Einer der Lieferanten hatte ein paar Sorten«, berichtet er. Doch der Unternehmer wollte sie nicht nur verkaufen, sondern sich auch damit auskennen. Er fuchste sich ins Thema ein – und entwickelte sich zum Experten. Die Nase sei dabei das Wichtigste. Durch Schnuppern könne man erfahren, welches Aroma der Whisky hat, ob er torfig ist, ja, sogar aus welchem Land er kommt. Er sei selbst noch in der Übungsphase, meint Kröger. Eine Untertreibung, denn bereits 1997 hat er es ins Finale des Wettbewerbs ›Whiskyexperte des Jahres‹ der Zeitschrift ›Der Feinschmecker‹ geschafft. Viel wichtiger als die Auszeichnung war dabei allerdings etwas anderes: Manfred Kröger lernte Professor Walter Schobert kennen, *den* deutschen Whisky-Kenner. Sie freundeten sich an, und seitdem reist Schobert regelmäßig nach Itzehoe, um für die Firma ›Flickenschild‹ Seminare abzuhalten. Sie sind ein Insidertipp unter Whisky-Freunden aus ganz Norddeutschland.

Das Wissen von Manfred Kröger, der den Betrieb 1999 übernommen hat, schätzen längst Kunden in aller Welt. Neben dem Stammsitz am Berliner Platz und einer Filiale im ›Famila‹-Markt vor dem Delftor betreibt der Unternehmer einen Internethandel. Dort stehen, genau wie in den Ladenregalen, auch Raritäten bereit. Ein Glenfarclas von 1959 zum Beispiel. »Davon wurden nur 86 Flaschen abgefüllt«, erklärt Kröger. Die Zahl hat er im Kopf, genau wie den Standort des edlen Tropfens in seinem Lager – und das, obwohl das Sortiment inzwischen fast 1.000 Whiskys umfasst.

Oft weiß Manfred Kröger schon beim Einkauf, welchem Kunden der Inhalt einer Flasche schmecken wird. Viele kommen schon seit Jahren, manch einen hat er erst auf den Geschmack gebracht. Unaufdringlich, zurückhaltend, ohne viele Worte, ganz getreu des schottischen Sprichworts ›Die am meisten lieben, sprechen am wenigsten‹. Whisky ist für den Itzehoer mehr als ein Produkt, das er verkaufen will. Es ist ein Hobby geworden, eine Leidenschaft. Überzeugen könne man nur dann, wenn die handelnden Personen authentisch sind, meint er. Das Persönliche und die kompetente Beratung würden seit ein paar Jahren wieder zunehmend honoriert, freut sich Manfred Kröger. Sieht er sich in der Nachbarschaft um und betrachtet die vielen Leerstände nebenan in der Breiten Straße, wird ihm immer wieder klar vor Augen geführt, wie wichtig das ist. Dankbar um die Akzeptanz und den Respekt, engagiert er sich seit mehr als 15 Jahren im ›Lions Club‹ für soziale Zwecke. »Ich möchte ein bisschen von dem zurückgeben, was ich selbst von der Gesellschaft erfahre.«

FIRMA ERNST FLICKENSCHILD
BERLINER PLATZ 2A
25524 ITZEHOE
WWW.WHIZITA.DE

Kindheit in der Idylle

Waltraut Zorn im Klosterhof

Es ist das Tor zu einer anderen Welt: Wer von der Kirchenstraße aus die kleine Pforte zwischen St.-Laurentii-Kirche und Propstenhaus durchschreitet, macht eine Zeitreise. Während nur wenige Schritte entfernt geschäftiges Einkaufstreiben herrscht und sich die Autos Stoßstange an Stoßstange vorbeischieben, taucht der Besucher im Klosterhof in eine historisch anmutende Idylle ein. Alte Gebäude liegen ringförmig um den Ententeich, Vögel zwitschern in den großen Bäumen, und fast wartet man darauf, dass eine Pferdekutsche über das Pflaster klappert – so wie damals, direkt nach dem Zweiten Weltkrieg, als Waltraut Zorn noch ein Kind war.

Im Haus mit der Nummer 3, einem Gebäude von 1740, gleich gegenüber der St.-Laurentii-Kirche, verbrachte die Itzehoerin ihre ersten Lebensjahre. Vor den Tieren, die in den Ställen neben dem Haus des Försters standen, hatte sie in jungen Jahren großen Respekt. In der Feldschmiede, die damals noch mit Ross und Wagen befahren wurde, drückte sie sich eng an die Hauswände, um den Vierbeinern nicht zu nahe zu kommen. Trotzdem liebte sie es zuzusehen, wie sie Wasser und Heu bekamen. Voller Begeisterung erzählt die Seniorin von jenen Tagen, als hätte sie erst gestern mit ihren Freunden Murmellöcher gegraben und Verstecken gespielt. »Es war eine Welt für sich«, sagt Waltraut Zorn rückblickend. Eine beschauliche Welt mit strengen Regeln, über die sich die Kinder nur allzu gerne hinwegsetzten. Der Klosterdiener wachte darüber, dass in der Anlage des adeligen Damenstifts, zu dem das einstige Zisterzienserinnenkloster im Zuge der Reformation umgewandelt worden war, Zucht und Ordnung herrschte. Bis 1935 wurde das Gelände sogar während der Nachtstunden durch eine Pforte abgesperrt. Und bis ins 19. Jahrhundert verließ man beim Betreten des Areals den Rechtsbereich der Stadt, denn das Kloster, das 1256 aus Ivenfleth an der Störmündung nach Itzehoe umgesiedelt worden war, besaß eine eigene Rechtsprechung.

All das war Waltraut Zorn und den anderen Kindern kurz nach Kriegsende nicht bewusst. Sie wollten Spaß haben – und das gelang

Denkmalgeschützt liegt das Gelände des Klosterhofs mitten in der Stadt

ihnen trotz der vielen Verbote. »Bis 15 Uhr war Mittagsruhe, da durften wir keinen Krach machen. Und wenn wir Murmellöcher machten, hat der Klosterdiener uns gejagt und den Besen hinterhergeworfen. Wir riefen immer ›Bäbäbäbä‹«, erinnert sich die Itzehoerin und kichert wie damals, als sie noch ein kleines Mädchen war. Der Rasen war natürlich tabu. Und damit die Knirpse die Stangen, die den großen Teich umzäunten, nicht zum Balancieren nutzten, wurden sie durch Stacheldraht gesichert. Die Häuser durften nicht mit Kreide bemalt werden, »und wenn wir Bälle an die Wand warfen, kam Oma Bock und hat uns über die hohe Mauer einen Wassereimer über den Kopf ausgeschüttet, dann waren wir wieder artig«, berichtet Waltraut Zorn. Der Bestatter, der am Durchgang zur Feldschmiede wohnte, sei ihnen wegen ihrer Lausbubenstreiche sogar durch die ganze Anlage hinterhergerannt, bis hoch zur Straße Hinter dem Klosterhof, wo heute die Bücherei ist.

Im Herbst sammelte Waltraut Zorn auf dem Gelände unter den vielen Bäumen die Eicheln und Kastanien ein und tauschte sie bei der Kaffeerösterei ›C. C. von Holstein‹ gegen ein paar Groschen ein. »Hatte ich 50 Pfennig zusammengespart, ging es ins Burgtheater ins

Kino«, erzählt sie. Manchmal setzten sich die Kinder auch auf die kleinen Pfeiler am Eingang bei der Kirche und forderten bei Passanten fünf Pfennig Wegegeld. Machte tatsächlich jemand den Geldbeutel auf, wurde der Verdienst sofort in Lollis investiert. Und kaum, dass ein Dreikäsehoch reden konnte, beherrschte er die Worte ›Have you Kaugummi?‹. Diese Frage stellten die Kleinen den dänischen Soldaten, die in Itzehoe bis 1958 stationiert waren, wenn sie durch den Klosterhof liefen. Und natürlich wurde der Wunsch so oft wie möglich erfüllt. »Einmal hatten sie sogar ein großes Feinbrot für uns«, schildert Waltraut Zorn mit einem Strahlen im Gesicht. »Das war eine Freude! Wir hatten ja nichts.« Und wenn die Itzehoerin vom Laternenlaufen im Herbst erzählt, bei dem alle Kinder singend durch den Klosterhof marschierten, leuchten ihre Augen wie damals die Lampions.

Im Winter banden sie und ihre Freunde sich Stöcke unter die alten Stiefel, um mit diesen ›Schlittschuhen‹ Runden auf dem zugefrorenen Teich zu drehen. Aber am meisten liebten sie es, einen Faden an ein altes Portemonnaie zu binden und es vom Garten aus unter dem Zaun hindurch auf den Weg zu schieben. »Die Leute dachten, das hat jemand verloren. Und immer, wenn sich einer danach bückte, zogen wir es weg«, berichtet die Itzehoerin lachend. »Wir haben viele freche Streiche gemacht.« Nur wenn Äbtissin Charlotte von Rumohr spazieren ging, die damalige Vorsteherin des Klosters, waren alle ganz brav. »Da standen wir stramm!« Unter den Fenstern ihres Wohnsitzes, dem Äbtissinnenhauses gleich neben dem historischen Kreuzgang der Kirche, duckten sich die Jungen und Mädchen, um nicht gesehen zu werden. Damals wussten sie gar nicht, dass im Inneren des 1696 errichteten Fachwerkhauses und Verwaltungssitzes des Klosters ein mit reichlich Rokokostuck ausgestatteter Konventsaal von 1723 verborgen lag. Sie spürten lediglich, dass das Gebäude besonders war. Und in den Kinderaugen war die vornehme Dame mit dem Schleierhut, die darin wohnte, so etwas wie eine Königin, eine strenge noch dazu. »Sie wusste genau, wer die Frechsten von

Perle des Rokoko: der Saal der Konventualinnen des Äbtissinnenhauses

uns waren«, erzählt Waltraut Zorn. Sie selbst gehörte nicht dazu, sie hatte Respekt vor der Äbtissin und schimpfte die anderen sogar, wenn diese nicht nett zu ihr waren. »Sie mochte mich«, erinnert sich die Itzehoerin. Und weil das kleine Mädchen derart dünn war, ermöglichte ihr Charlotte von Rumohr einen dreiwöchigen Kuraufenthalt im Kloster Cismar.

Auch andere Bewohner des Klosterhofs kümmerten sich um die kleine Waltraut. So konnte diese bei einer Nachbarin regelmäßig Klavier spielen. Der Stolz, den sie damals verspürte, ist ihr noch heute anzumerken. »Das durfte nur ich«, betont sie. »Ihr geht weg!«, habe sie ihren Freundinnen zugerufen, bevor sie ins Haus ging und ›Alle meine Entchen‹ einübte. »Dafür musste ich für die ältere Dame einkaufen.« Ein Handel, auf den sich Waltraut Zorn gerne einließ. »Ich versuchte immer artig zu sein. Wenn ich nett war, waren sie auch zu mir nett«, erklärt sie das Prinzip. Das galt ebenso für Freifrau Sandren-Eiban, Gräfin zu Rantzau. Die adelige Dame wohnte in der Brookstraße 1, an der Ecke zur Feldschmiede. Jeden zweiten Tag führte Waltraut Zorn deren Hund Gassi. »Es war ein Langhaardackel mit einem ganz hübschen Schweif, ich glaube, er hieß sogar Waldi.« Zum Dank wurde sie von der Gräfin zum Tee eingeladen. »Wir saßen in einem Raum voller Glanz, ich fühlte mich wie eine Prinzessin.«

Trotz aller Armut und Entbehrungen – »es war eine erlebnisreiche Kindheit, eine schöne Zeit«, sagt Waltraut Zorn aus heutiger Sicht. 13 Jahre alt war sie, als ihre Familie in ein anderes Stadtviertel zog. »Anfangs habe ich ihn nicht vermisst. Aber jetzt, je älter ich werde, gehe ich wieder sehr gerne durch den Klosterhof.« Kaum, dass sie die Pforte durchschritten habe, sehe sie alles wieder vor sich: den Klosterdiener, den überstrengen Förster, das Portemonnaie an der Schnur, Polizist Grabke, der im selben Haus wie sie wohnte, weshalb sie nie Angst vor Einbrechern hatte. Das Damenstift, das einst eingerichtet worden war, um ledigen Töchtern und verwitweten Frauen der schleswig-holsteinischen Adelsfamilien ein standesgemäßes Auskommen zu ermöglichen, besteht noch immer. Und mit Henriette Gräfin zu Rantzau wohnt nach wie vor die amtierende Äbtissin im Klosterhof. Allerdings hat sich auch vieles in den vergangenen Jahrzehnten gewandelt. »Wir durften früher nicht auf die Wiese, heute liegen dort die Punks«, bemerkt Waltraut Zorn. Einige der schönen alten Bäume mussten inzwischen weichen. Aus den Pferdeställen wurden längst Wohnungen und nicht zuletzt sind all die Gebäude, die zu Waltraut Zorns Kindheit noch mit Plumpsklos ausgestattet waren, modern saniert und wegen ihrer ruhigen Lage inmitten der Stadt gefragter Wohnraum.

Doch über all diesen optischen Veränderungen thront nach wie vor die St.-Laurentii-Kirche am Rande der Anlage. »Egal, wo man steht, man sieht sie immer«, schwärmt Waltraut Zorn. Sie selbst verbindet zahlreiche persönliche Ereignisse mit dem Gotteshaus: Hier wurde sie getauft, konfirmiert und getraut, und hier feierte sie inzwischen auch ihre Goldene Konfirmation. Für Waltraut Zorn ist der Anblick ein Stück Heimatgefühl. »So schön es woanders ist – ich bin immer froh, wenn ich wieder den Kirchturm sehe.«

KLOSTERHOF
25524 ITZEHOE
WWW.KLOSTER-ITZEHOE.DE

Technisches
Hilfswerk

21 Hilfe in fremden Ländern

Thorsten Madüske beim THW in der alten Gudewill-Kaserne

Ein Erdbeben verwüstet Indien, ein Tsunami richtet Schäden in Indonesien an, ein Unwetter tobt auf Sri Lanka. Alles weit weg von Itzehoe. Und dennoch kann es in solchen Momenten hektisch in der ehemaligen Gudewill-Kaserne an der Oelixdorfer Straße werden. Zwar wohnen in der 1897 erbauten Anlage längst keine Soldaten mehr, dafür ist aber der Ortsverband des Technischen Hilfswerks (THW) seit seiner Gründung 1952 dort zu Hause. Die speziell ausgebildeten Mitglieder dieses norddeutschen Standorts der ›Schnell-Einsatz-Einheit Wasser Ausland‹ (SEEWA) sorgen bei Katastrophen im Ausland für die Trinkwasseraufbereitung. Einer dieser Helfer ist Thorsten Madüske.

Der Mittvierziger kennt das Itzehoer THW-Quartier von Kindesbeinen an. Sein Vater war bereits im Ortsverband aktiv, als 1980 die Jugendgruppe gegründet wurde. Er nahm den Sohn mit – und dieser blieb dabei. »Die technischen Arbeiten und die Kameradschaft finde ich toll«, sagt Madüske. »Es entstehen Freundschaften.« Der Itzehoer kann sich kein schöneres Hobby vorstellen. Hunderte Male ist er schon die blaue Metalltreppe in die Gruppenräume hinaufgestiegen oder hat hinter einem der großen braunen Garagentore die Technik inspiziert. Sieben Lkw stehen dort, drei Anhänger und eine der modernsten Trinkwasseraufbereitungsanlagen im Wert von über 700.000 Euro. Es ist ein Koloss aus Rohren und Schläuchen, der Leben rettet: 6.000 Liter Wasser in der Stunde können damit aufbereitet werden. Für die Mechanik dieses imposanten Geräts ist Madüske als gelernter Schlosser zuständig.

Dreimal war das THW-Mitglied bereits bei Auslandseinsätzen dabei: 1997 bei der Oder-Flut in Polen, nach dem Erdbeben 2008 in China und 2010 auf Haiti. Jeweils für ein Vierteljahr seien die einzelnen Standorte in Bereitschaft, erklärt Madüske. Wenn während dieser Zeit etwas passiere, müssten die Helfer innerhalb von sechs Stunden abflugbereit sein. »Der Impfstatus muss immer auf dem aktuellsten Stand sein, die Tropentauglichkeitsprüfung ist Pflicht und körperlich fit sollten wir sowieso sein«, zählt er die Voraussetzungen auf, als seien sie das Selbstverständlichste auf der Welt. Und eigentlich sind sie das für ihn auch. Der

Das THW ist Teamgeist pur

Itzehoer will helfen, also nimmt er all das auf sich. Er lässt seine Frau und die beiden Kinder, seine Freunde, seinen Job als Hausmeister an der Ernst-Moritz-Arndt-Schule hinter sich und reist in ein wildfremdes Land. Dort herrscht meist blankes Elend. »Der Reiz ist, dass du losfliegst und auch im entferntesten Ausland nach deutschen Richtlinien Wasser aufbereitest, um die Menschen zu unterstützen«, erläutert Madüske. Er erwähnt dabei nicht die Kraft, die dafür notwendig ist, nicht die erforderliche Besonnenheit und das nötige Durchhaltevermögen. Er will kein Held sein, sondern einfach nur ein Helfer.

Natürlich sei er vorher angespannt und aufgeregt, gibt er zu. Und es sei anstrengend. Als er im Winter nach Haiti flog, herrschten in Itzehoe 10 Grad minus, im Einsatzgebiet zeigte das Thermometer 35 Grad, auf der Straße lagen Tote. »Das ist psychisch schon belastend.« Doch für all das würden die Einsatzkräfte mit der Dankbarkeit entschädigt, die die Menschen den ›Water People‹, wie sie genannt werden, entgegenbringen. »Die drücken dich, verbeugen sich vor dir – das ist die Belohnung für die ganzen Strapazen.« Die viele Arbeit lasse tagsüber ohnehin keine Zeit für trübe Gedanken. Und abends im Camp, in dem die Gruppe autark lebt, werde über alltägliche Dinge gesprochen. Falls es doch einmal einen Durchhänger gibt, greift Madüske zur Nervennahrung. 20 Kilo Gepäck darf der Helfer in seiner silbernen Box mitnehmen – genug, um stets ein paar Tüten ›Haribo‹ und ein Glas ›Nutella‹ zu verstauen.

Richtig präsent würden die Eindrücke erst, wenn er nach Itzehoe heimkehre. »Zuerst bin ich ziemlich ruhig, im Laufe der Zeit redet man immer mehr darüber«, erklärt Madüske. Die Kinder an der Ernst-Moritz-Arndt-Schule seien die beste Ablenkung, auch wenn sie ihm jedes Mal Löcher in den Bauch fragen. Als er von Haiti zurückkam, hatten sie ein großes Plakat aufgehängt. ›Herzlich willkommen‹ stand darauf, und alle Schüler hatten unterschrieben. Da kann selbst der tapferste Helfer die Tränen nicht zurückhalten.

Nach jedem Einsatz geht es wieder dienstags zum Dienstabend in die Gudewill-Kaserne. Dann wird geübt, damit auch künftig alles reibungslos läuft – sei es in fremden Ländern oder als Unterstützung für die Feuerwehr in Itzehoe. Viermal im Jahr gibt es zudem Wochenendseminare, bei denen speziell für die Auslandseinsätze trainiert wird, vom Aufbau der Anlage bis zum Umgang mit Satellitentelefonen. »Die Handgriffe müssen wieder und wieder geübt werden, sonst beherrscht man sie nach zwei Jahren nicht mehr.« Madüske kommt gerne jede Woche in die großen gelben Bauten der ehemaligen Kaserne, um für den Ernstfall zu proben. Er mag das Ambiente aus Kaiser Wilhelms Zeiten und kann sich keinen schöneren Platz für das THW vorstellen. »Es sind sogar noch die original Ringe da, an denen früher die Pferde angebunden waren«, erzählt er. »Und es ist mittendrin in Itzehoe, wir sind hier glücklich.«

THW ORTSVERBAND ITZEHOE
IN DER EHEMALIGEN GUDEWILL-KASERNE
OELIXDORFER STRASSE 2 A
25524 ITZEHOE
WWW.THW-ITZEHOE.DE

YAMAHA
NS-10M STUDIO

Musik für die Sinne

Richard Rossbach im Tonstudio ›ImHouse Music‹ am Liethberg

Vielleicht bei einer Wellnessbehandlung, vielleicht beim Radiohören oder beim Tanzen auf einer Schlagerparty – es gibt viele Gelegenheiten, bei denen Itzehoer mit der Musik von Richard Rossbach vermutlich schon in Berührung gekommen sind. Doch nur die wenigsten wussten in diesem Moment wohl, dass jemand aus der eigenen Heimat für die Klänge gesorgt hat oder dass die Melodie sogar vor der eigenen Haustür am Liethberg entstanden ist.

An der Stelle, wo 1904 die Genossenschaft ›Konsumverein‹ die Brotfabrik gekauft und einen Komplex mit Großbackstube, Wohnvillen, Pferde- und Schweineställen sowie Hufschmiede und Stellmacherei errichtet hatte, befindet sich das Tonstudio ›ImHouse Music‹ von Rossbach. Seit September 2004 hat er im Untergeschoss eines Gebäudes in der hinteren Ecke des schönen Innenhofs 156 Quadratmeter Platz für kreative Arbeit. Musik hat der Endfünfziger aber schon seit jeher gemacht. »In meiner Familie waren alle Musiker«, berichtet er. »Bei uns zu Hause war immer irgendeine Probe.« Er selbst bekam früh Klavierunterricht, wollte aber lieber Schlagzeug spielen – und durfte es schließlich auch. Während des Konfirmandenunterrichts entdeckte er die Orgel für sich, später besuchte er die Kirchenmusikschule und musizierte bei Gottesdiensten in seinem Heimatort Eppstein im Taunus. Das allerdings tat er mit der Zeit abgehetzt und gähnend, weil er in den Nächten auf Frankfurter Bühnen für Jazzmusik und Schlagerklänge gesorgt hatte. »Ich kam völlig übermüdet von der Tanzmucke dorthin, es wurde geläutet, bis ich da war«, erinnert er sich lächelnd. Er habe einfach drauflos gespielt. »Kirchenmusik beflügelt, weil man das Improvisieren lernt. Das mache ich heute noch gern.«

Über die Frankfurter Jazzszene bekam Rossbach Kontakt zu Schlagerstar Bata Illic. Als 1975 dessen Schlagzeuger ausfiel, sprang er ein, später übernahm er das Keyboard. »Ich war jung und brauchte das Geld«, sagt er lachend. Er war früh Vater geworden, hatte eine kleine Familie zu versorgen. Zugleich pflegte er als Gründungsmitglied der ›Straßenjungs‹, laut eigener Aussage »Frankfurts abgefahrenste Proll-

Beim Festakt zum 775. Geburtstag der Stadt Itzehoe 2013 live auf der Bühne

Punk-Band«, einen ganz anderen Stil. In den Norden, zunächst nach Hamburg, kam er schließlich 1979, als die Band ›Duesenberg‹ Musiker suchte. »Ich habe mich beworben und wurde Keyboarder.« Das brachte ihm sogar den Deutschen Schallplattenpreis ein. Das weitere Wirken Rossbachs liest sich wie ein Lexikon der Musikstile und -stars: Er arbeitete mit der italienischen Sängerin Milva und dem Neue-Deutsche-Welle-Chartstürmer Markus, produzierte für Funk, Film und Fernsehen, entwarf Werbejingles, zum Beispiel für den ›Kleinen Feigling‹, spielte in Rockbands und veröffentlichte unter dem Pseudonym ›Nino Ricci‹ Platten. Und das ist nur ein kleiner Ausschnitt.

Richard Rossbach erzählt das alles sachlich und im Schnelldurchlauf, als sei es etwas Nebensächliches, das jeder Zweite erlebt. Überheblichkeit ist ihm fremd. Die Erlebnisse seien für ihn wichtig gewesen, aber jetzt spielten sie keine Rolle mehr. »Ich habe durch das Wandern durch verschiedene Stile und Arbeitswelten zu dem gefunden, was ich jetzt mache«, erklärt er. Die Klänge, die heute am Liethberg entstehen, haben vor allem einen Zweck: Sie sollen berühren. »Es ist Musik für die Sinne«, betont Rossbach. Mit der musikalischen Untermalung geführter Meditationen fing es an. Das vorhandene

»genrefreie, belanglose Gedudel« gefiel ihm nicht. Seitdem entstehen auf dem Gelände, wo früher der 18 Meter hohe Schornstein der Großbackstube rauchte, Töne wie aus einer anderen Welt. Sie wirken sanft, spirituell, beinahe sakral. Die Melodien seien in ihm, schwebten im Universum, erklärt Rossbach. »Ich pflücke einfach, was da ist.« Sieben CDs sind auf diese Weise schon entstanden, sie kommen zum Beispiel bei Wellnessanwendungen und in der Musiktherapie zum Einsatz. »Der Anwenderkreis wächst ständig.« Die vielen positiven Rückmeldungen, die er bekomme, dürfe er nicht zu oft lesen – »sonst hebe ich ab«, sagt er lachend. Immer wieder sage man ihm, dass seine Musik das Herz berühre, etwas in den Menschen auslöse. »Das ist großartig, es beflügelt unheimlich.« Er habe gefunden, was er gesucht habe, resümiert der Komponist. »Es interessiert mich nicht mehr so sehr, was andere machen, sondern was ich tue, was aus mir kommt, was ich will.« Es spiele keine Rolle, ob die Melodie tanzbar sei oder in die Zeit passe. »Es ist einfach Musik von Mensch zu Mensch.« Es klingt nicht abgehoben oder kitschig, wenn er das sagt, sondern völlig selbstverständlich.

Ganz aus den Augen verloren hat er die übrigen Genres dennoch nicht. Insbesondere wenn es darum geht, für seine Wahlheimat Itzehoe etwas auf die Beine zu stellen, zögert Richard Rossbach keine Sekunde. So hat er zum Beispiel 2013 eine Werbemelodie für das Krimi-Festival ›KrimiNordica‹ entwickelt, stand beim Weinfest auf der Bühne und sorgte für den musikalischen Rahmen beim Festakt zur 775-Jahr-Feier. »Wenn solch eine Anfrage kommt, bin ich sofort dabei«, bekräftigt Rossbach. »Weil ich hier lebe – und das gerne.«

IMHOUSE MUSIC
LIETHBERG 39 A
25524 ITZEHOE
WWW.IMHOUSE.DE

Vom Einbaum
zum Dampfschiff
1982

23

Ein Leben für die Schifffahrt

Herbert Karting aus der Breitenburger Straße

Von außen ist das schmale ockerfarbene Häuschen in der Breitenburger Straße mit der Nummer 6 ein ganz normales Wohnhaus. Ein bisschen schmucker als andere vielleicht, nicht umsonst hat es einen Fassadenwettbewerb gewonnen. Doch seine wahre Pracht offenbart sich erst im Innern. Wer durch die hölzerne Eingangstür eintritt, fühlt sich schnell wie in einem maritimen Museum. Dutzende Bootsmodelle stehen auf den Regalen, eine Vitrine ist vollgepackt mit Tassen mit Reederei-Emblemen, Schiffskacheln zieren die Wände, Dielen aus einem alten Lotsenhaus bedecken den Boden.

In liebevoller Detailarbeit hat Hausherr Herbert Karting sein Zuhause seetauglich gemacht. Der Itzehoer ist Seemann durch und durch. 15 Jahre lang ist er hinaus aufs Meer gefahren, zuletzt als Kapitän. Danach war er 35 Jahre lang als Elblotse tätig. Das Berufsleben hat der Endsiebziger allerdings längst hinter sich gelassen. Selbst die privaten Segeltörns sind selten geworden. Und doch kriegt er von Schiffen einfach nicht genug: Er malt sie, er baut sie als Modell, und er schreibt Bücher über sie. 22 hat er seit 1977 veröffentlicht, thematisch reichen sie von den Motorseglern der ›Krupp-Germaniawerft‹ bis zu einem siebenbändigen Werk über deutsche Schoner. Jüngstes Projekt ist eine Auflistung der Stettiner Segelboote seit dem Ende des 18. Jahrhunderts. Insgesamt 900 Seiten hat der Pensionär darüber verfasst. »Das ist völlig bekloppt, eine Sache, die womöglich keinen Menschen interessiert. Aber es macht großen Spaß«, sagt er. »Man muss seinem Vogel Futter geben, damit er nicht eingeht.«

Mit leuchtenden Augen erzählt er von der Freude, wenn sich bei einem seiner Vorhaben ein Mosaikstein zum nächsten fügt. Bis er alles zusammengetragen hat, vergehen manchmal Jahrzehnte. Der Itzehoer wälzt Unterlagen der Ämter und Amtsgerichte, besucht Archive und Museen, recherchiert im Internet, trifft Angehörige früherer Schiffseigner. Mehr als 20.000 Fotos hat er gesammelt, mehr als 3.000 Karteikarten und kiloweise Akten. »Das ist reine Fleißarbeit, da darf man der Fantasie keinen Raum geben, die Fakten müssen stimmen«, betont

Sie sind Kartings große Passion: die Ewer der Elbe

der frühere Kapitän. In seine Texte komme kein »Spinnkram«. Die Detailarbeit, das intensive Recherchieren begeistern ihn. »Oft weiß ich mehr als der Eigentümer«, bemerkt Karting. Wenn er Bücher sieht, die auf ein paar Dutzend Seiten die Geschichte der Seefahrt von der Antike bis heute beschreiben, stehen ihm die Haare zu Berge. »Wie soll das gehen, wenn man über einen Schiffstyp allein schon sieben Bände schreiben kann?«

Was treibt ihn zu dieser mühseligen Beschäftigung? Ein ausgeprägtes Mitteilungsbedürfnis? Der Wunsch, das Wissen für die Nachwelt zu erhalten? All das sind Erklärungsversuche, die Herbert Karting erstaunen. »Es ist Sammelleidenschaft«, bekräftigt er. »Andere horten Briefmarken oder Bierdeckel, ich trage Fakten über Schiffe zusammen.« Die könne er sich ohnehin besser merken als Namen von Personen – ganz zum Leidwesen seiner Frau. Die habe ihn auch manches Mal dran erinnern müssen, dass er eine Familie hat, gibt der Seemann zu. Dabei fing alles harmlos an. Er habe sich seit jeher für historische Themen interessiert, und als der Hamburger nach Itzehoe zog, begann er, sich mit der Geschichte der Stadt zu beschäftigen, »weil man so einen besseren Zugang zu ihr und ihren Menschen bekommt«. Karting stellte fest, dass es kein Werk über den Wasserverkehr in der Region gab und schrieb selbst eines. »Das hat sich dann ausgeweitet.«

Ein Teil der Itzehoer Geschichte befindet sich direkt hinter seinem Garten. Wenn Herbert Karting in seiner ›Werft‹ an einem neuen Modell arbeitet, kann er aus dem Fenster auf die ehemalige Störschleife blicken. Die Bemühungen, den 1975 zugeschütteten Flusslauf wieder zu öffnen, begrüßt er. Für den Störewer ›Hermann‹, für dessen Erhalt sich Karting in einem Förderverein eingesetzt hatte, kommt jedoch jegliches Engagement zu spät. Der letzte original erhaltene hölzerne Frachtewer stand jahrelang wenige Meter von Kartings Haus entfernt am Wochenmarktplatz. ›Hermann‹ wurde 1905 in Wewelsfleth erbaut und wechselte mehrfach die Eigentümer. 1976 entdeckte ihn ein Glückstädter in Amsterdam und holte ihn an die Stör zurück. Der Heimatverband des Kreises Steinburg kaufte das Frachtschiff 1977 und übergab es 1978 an die Stadt. Doch die ließ ihm nicht so viel Fürsorge zukommen, wie es sich Karting und seine Mitstreiter gewünscht hätten: Das Holzboot war dem Wetter schutzlos ausgeliefert. Nachdem die Politiker die Finanzierung einer Überdachung ablehnten, kam der Frachtewer 2007 schließlich als Dauerleihgabe ins Hafenmuseum der Stiftung ›Hamburg Maritim‹.

Herbert Karting macht nicht viele Worte darum, dass sich die Stadt nicht um das Schiff gekümmert hat. In den Zwischentönen schwingt allerdings mit, dass ihn das noch heute wurmt. Doch in Hamburg habe ›Hermann‹ es nun gut, betont er. Natürlich hat er ihn dort schon besucht. Karting kann eben nicht anders, eine Landratte wird er nie werden. Obwohl er einmal im Jahr bewusst den Kontrast sucht: Dann fährt er »zum Ausgleich« in die Berge und wandert.

BREITENBURGER STRASSE 6
25524 ITZEHOE

Im Dienst des Lesers

Heinz Longerich im ›Rundschau-Haus‹

»Ich hatte keine Ahnung, wo das ist!« Über Itzehoe wusste Heinz Longerich rein gar nichts, als er 1965 im Fachblatt ›Der Journalist‹ eine Stellenanzeige las, in der für die ›Norddeutsche Rundschau‹ ein stellvertretender Chefredakteur und Leiter der Lokalredaktion gesucht wurde. Er war damals 37 Jahre alt, saß in seinem Heimatort Krefeld, wo er als erster Volontär der Nachkriegszeit seine Ausbildung gemacht hatte, arbeitete bei der ›Neuen Rhein Zeitung‹ und hatte Lust auf eine Luftveränderung. Also bewarb er sich. Und als er sich wenig später auf den Weg zum Vorstellungsgespräch in das schleswig-holsteinische Verlagshaus machte, fiel ihm zumindest ein Berührungspunkt wieder ein. »Ich konnte mich dunkel erinnern, dass ich mich auf der Rückfahrt von Amrum nach Krefeld einmal in Itzehoe verfahren hatte.«

Heinz Longerich bekam die Zusage. Das war im April 1965, seinen Posten musste er jedoch erst am 2. Januar des Folgejahres antreten. »In der Zwischenzeit habe ich alles gelesen, was ich über Itzehoe und den Kreis Steinburg finden konnte«, berichtet der Journalist. Systematisch wertete er Tag für Tag die ›Norddeutsche Rundschau‹ aus, die ihm zugeschickt wurde. Er legte Listen mit Namen und Funktionen an und schaute die Schauplätze sämtlicher Verkehrsunfälle auf dem Stadtplan nach. Als er seinen Dienst antrat, war er bestens informiert. »Ich kannte jeden – zumindest theoretisch«, erinnert sich Longerich. »Wenn ich jemanden traf und den Namen hörte, wusste ich sofort Bescheid. Das hat sehr geholfen.« Nur eines hatte der Krefelder nicht recherchiert: dass die ›Norddeutsche Rundschau‹, die damals dem Verleger Hanns-Gunther Paulus gehörte, mittags veröffentlicht wurde. »Ich dachte, die erscheint morgens – und dann musste ich da um 6 Uhr antanzen. Wenn ich das gewusst hätte, wäre ich nicht gekommen«, betont der heute über 80-jährige. Doch so blieb ihm nichts anderes übrig, als beharrlich darauf hinzuwirken, dass die Zeitung in den Morgenstunden herausgebracht wird. »Mit einiger Mühe ist es mir schließlich gelungen, den Verlag zu überzeugen.«

Longerichs tägliche Informationsbörse ist der Kaffeeladen in der Feldschmiede – bei jedem Wetter

Zwei Jahre nach seiner Ankunft in Itzehoe wurde Heinz Longerich Chefredakteur und blieb es bis zu seiner Pensionierung 1988. In all den Jahren hat er turbulente Zeiten miterlebt – sowohl bei der Zeitung als auch in der Stadtgeschichte. Das ›Rundschau‹-Gebäude stand damals noch in der Breiten Straße 40, direkt an der Stör. Hochwasser machte dem Verlagshaus und der Druckerei zu schaffen. »Wir haben manche Nacht Wache geschoben«, erzählt der Pensionär. Ein einmaliges Ereignis fand ein Jahr nach seinem Amtsantritt statt, als Paulus als erster Zeitungsverleger in Norddeutschland in der ›Rundschau‹-Druckerei eine Rollenoffset-Maschine aufstellte. Sie wurde 1967 zum 150. Geburtstag der Zeitung vom damaligen Ministerpräsidenten Dr. Lemke in Betrieb gesetzt. »Sogar Axel Springer kam, weil die Technik so interessant war«, weiß Longerich zu berichten. Doch die Druckerei musste wegen der Überschwemmungsgefahr nach Oldendorf verlegt werden, die Gebäude in der Breiten Straße wurden verkauft, die Redaktion zog an den heutigen Standort am Sandberg – und knüpfte damit an alte Zeitungstraditionen an. In dem schmucken Haus mit seiner markanten Fassade war von 1919 bis zum Zweiten Weltkrieg der ›Nordische Kurier‹

angesiedelt. 1970 wurde die ›Norddeutsche Rundschau‹ schließlich an den Hamburger Bauer-Verlag veräußert, der sie 1975 an die Rendsburger Verlegerfamilie Möller weitergab. Seit 1987 erscheint sie im Schleswig-Holsteinischen Zeitungsverlag mit Sitz in Flensburg. »Eigentlich wurden wir nur verkauft«, blickt Longerich zurück. »Es waren aufregende Zeiten.«

Das Gleiche gelte auch für die Entwicklung Itzehoes. »Zu meiner Zeit befand sich Itzehoe im Aufschwung, ganze Viertel entstanden neu«, erklärt der Journalist. Edendorf war kurz zuvor eingemeindet worden, 1967 bis 1972 entstand Sude-West, zudem wurde in den 70er-Jahren die Neustadt saniert. »Damals hat man leuchtenden Auges Hochhäuser gebaut, heute wäre man froh, wenn man sie wieder los wäre.« Nach all diesen turbulenten Jahren fühlt sich Heinz Longerich als Teil dieser Stadt. »Es gefiel mir immer hier – und gefällt mir noch. Itzehoe wird oft unterschätzt, was seine Schönheit angeht.« Dabei habe es doch mit seiner Lage – oben Wald und unten Wasser – viel zu bieten. »Es liegt so schön wie Blankenese.« Er bedauere nur, dass stets alles kaputt gemacht worden sei. »Am Lehmwohld wurde Wald für den Schulbau geopfert, die Störschleife wurde zugeschüttet, die kaiserliche Reithalle und das Stadtbad wurden abgerissen«, zählt er auf. »Es wurde immer alles beseitigt. Es sollte sogar eine Straße durch den Prinzeßhofpark gebaut werden.« Die ›Norddeutsche Rundschau‹ habe versucht, sich zu wehren. »Wir machten Kampagnen. Wir haben die Leser aufgefordert, sich zu äußern.«

Die Leser standen für Heinz Longerich ohnehin stets im Mittelpunkt seines Tuns. Nach seinem Grundsatz gefragt, antwortet er: »Immer dem Leser dienen.« Die Zeitung half, wo sie konnte. »Es rief zum Beispiel eine Frau an und sagte, dass es bei ihr im Viertel so dunkel sei, da müsse eine Laterne hin«, erinnert sich der ehemalige Lokalredakteur. »Also haben wir zusammen mit dem Stadtwerke-Chef eine aufgestellt.« Das Arbeiten sei früher noch ein anderes gewesen. »Einmal hat ein Kollege bei der Ratsversammlung in die

Flaneur im besten Sinne. »Jeden Tag muss der Lokaljournalist mindestens eine Stunde in der Stadt unterwegs sein«, sagt Longerich.

Wasserkaraffe auf dem Pressetisch Schnaps eingefüllt«, erzählt Longerich lachend. »Da wurde es zunehmend lauter. So was gab es damals noch, da war alles noch ein bisschen persönlicher.« Sein Metier habe ihm zu jeder Zeit viel Spaß gemacht, betont der Journalist, es habe seinen eigenen Reiz. »Sie sitzen morgens vor einer leeren Seite und dürfen sie nach eigenem Gusto füllen – und das, was Sie schreiben, liest am nächsten Tag die ganze Stadt. Journalist ist ein schöner Beruf – man ist immer dabei, aber gehört nie dazu.« Besonders an die großen Demonstrationen in den 70er- und 80er-Jahren, als das Atomkraftwerk in Brokdorf gebaut wurde, denkt er gerne zurück. »Da war was los hier. Zu solchen Zeiten ist es am schönsten, Zeitung zu machen.«

Um ein guter Journalist zu sein, brauche man Lust am Schreiben und Talent, meint der Pensionär. »Sonst nützt das alles nichts.« Auch ein möglichst breites Allgemeinwissen sei förderlich. Außerdem müsse sich ein Lokalredakteur dafür interessieren, was vor seiner Haustür passiert. Er sei stets durch die Stadt gegangen, sei viel unterwegs gewesen, habe Leute getroffen. Er bezahlte sogar einen ehemaligen Hauptfeldwebel dafür, dass dieser durch die Straßen lief und mitteilte, was ihm auffiel. Nur auf diese Weise könne man erfahren, was los sei und was den Menschen in der Region auf den Nägeln brenne, meint der Journalist. Und genau daran hält sich Heinz Longerich noch heute. Egal, ob es stürmt oder schneit oder aus Eimern gießt – jeden Tag ist er in Itzehoe unterwegs, steht bei ›Tchibo‹ in der Feldschmiede und trinkt mit seiner angestammten Clique Kaffee. »Es ist eine Art Stammtisch, man sabbelt über dieses und jenes«, erklärt er. Das ist eine Untertreibung, wie vieles, was der gebürtige Krefelder sagt oder tut – er ist kein Freund der Inszenierung und der großen Gesten, schon gar nicht, wenn er selbst darin eine Rolle spielen soll. Tatsächlich ist die Kaffeerunde *der* Nachrichtenumschlagplatz Itzehoes. Auch deshalb ging ein Aufschrei durch die Stadt, als die Filiale vor einigen Jahren geschlossen werden sollte. »Wir haben eine große Arie gemacht, mit Protestdemos und allem Drum und Dran«, erinnert sich Longerich. »Wir waren erfolgreich.«

Und so kommt der ehemalige Chefredakteur noch nach 25 Jahren im Ruhestand beinahe täglich ins ›Rundschau-Haus‹ am Sandberg, um die neuesten Informationen, den heißesten Klatsch oder die frischesten Gerüchte zu liefern: »Bei ›Tchibo‹ erzählt man sich …« Meist entspinnt sich daraus ein längeres Gespräch mit den heutigen Redakteuren, in dem Longerich von den guten, alten Zeiten berichtet oder über die aktuelle Lage der Stadt sinniert. Noch immer nimmt er für die ›Norddeutsche Rundschau‹ Termine wahr, vornehmlich kultureller Art. Die Rubrik ›Erich‹ – eine Abkürzung aus seinem Nachnamen –, die er 1965 eingeführt hat, um kleine Begebenheiten am Rande aufzugreifen, erinnert ohnehin täglich an ihn. Gerne wird er insbesondere bei historischen Fragen als Berater herangezogen – schließlich ist er ein wandelndes Geschichtsbuch, kennt Jahreszahlen, Zusammenhänge und Namen aus dem Effeff, würzt sie mit seinem unvergleichlichen Humor und kommt stets zum selben Schluss, der keinerlei Widerspruch duldet: »So ist das in unserem Städtchen.«

NORDDEUTSCHE RUNDSCHAU
SANDBERG 18 – 20
25524 ITZEHOE
WWW.NORDDEUTSCHE-RUNDSCHAU.DE

La-Couronne-Platz
Städtepartnerschaft seit 1988
HOLS
nicht

25 Für immer Punk

Werwolf am La-Couronne-Platz

Die lila gefärbten Haare stehen zu Berge, die Lederjacke ist mit Fellimitat und Nieten besetzt, die Augen sind schwarz umrandet – wenn Werwolf am La-Couronne-Platz sitzt, fällt er auf. Und genau das will er. »Der Punk braucht die Öffentlichkeit, er will gesehen werden«, betont der Itzehoer. Werwolf ist Punk durch und durch. Für ihn ist das keine Mode, sondern ein Lebensentwurf, zu dem auch sein Spitzname gehört.

Er war ein Teenager, als er 1980 das erste Mal mit Punkmusik in Berührung kam. Welche Band es war, weiß er heute nicht mehr, er erinnert sich jedoch noch genau an das Gefühl, das er hatte, als er die Texte hörte. »Ich dachte: Das ist es!« Das Auflehnen gegen Zwänge, Spießigkeit und Langeweile, der Kampf für Freiheit und Toleranz – all das sprach ihm aus der Seele. »Die Musik hat aus dem Leben erzählt, das hat mich fasziniert«, erzählt Werwolf. Im November 1981 wurde er auch äußerlich zum Punk. Die Szene in Itzehoe war zu der Zeit groß und vertrat genau seine Vorstellungen. »Keine Hierarchien, Spaß haben und die Gesellschaft verändern. So habe ich mir das immer vorgestellt.«

Zu Hause kam die Verwandlung hingegen nicht gut an. »Ich habe meine Eltern oft genervt. Das tut mir im Nachhinein leid, aber ich war jung und wollte Revolution.« Doch trotz aller Auflehnung machte Werwolf eine Lehre zum Molkereifachmann. Freiwillig. »Man musste seine Schule abschließen, seinen Job machen, da haben wir Punks aufeinander aufgepasst.« In der Freizeit allerdings ging es zum La-Couronne-Platz, der damals noch Markusplatz hieß. Dort, im Herzen der Fußgängerzone, direkt vor dem Einkaufszentrum, traf sich die Gruppe. »Am Brunnen war unser Stammplatz. Wir waren schon damals ein buntes, lustiges Völkchen, das Musik hört und gesellig ist.«

Heute nähert sich Werwolf der 50. Die meisten seiner früheren Freunde sind längst keine Punks mehr. Wer gehen will, wird nicht aufgehalten. Dafür kommen Neue dazu. Noch immer trifft sich die Gruppe am La-Couronne-Platz – und erregt mit ihrer Optik, lauter Musik und ihren Bierflaschen Aufsehen. »Wir haben uns an die Vereinbarung gehalten und sind aus der Innenstadt raus, waren im Park, am ZOB, in

Der La-Couronne-Platz in der Fußgängerzone mit seiner umstrittenen Bebauung

Außenbereichen«, erklärt Werwolf. »Aber die Stadt hat sich nicht an ihr Versprechen gehalten, sie hat uns keinen Platz zur Verfügung gestellt.« Deshalb seien sie wieder da.

Inzwischen herrschen hier im Zentrum andere Regeln. Den Brunnen gibt es nicht mehr, dafür wurde ein Imbiss gebaut. Die Fläche rings um den Baum in der Mitte des Platzes ist tabu für die Punks. Sie sitzen an einer Hausecke, werden abfällig gemustert und von einem Ordnungsdienst bewacht. »Schön ist es nicht, wie ausgestoßen dazusitzen«, sagt Werwolf. »Wir sind Bürger Itzehoes, vereinzelt werden sogar Steuern gezahlt.« Die Punks möchten sich einfach treffen, frei sein, ihr Bier trinken. »Wir wollen niemanden nerven, wir greifen niemanden an und randalieren nicht. Wir wehren uns nur, wenn wir angegriffen werden.« Und sie brauchen Aufmerksamkeit. »Punks sind Litfaßsäulen. Wir wünschen uns, dass man die Sprüche auf unseren Jacken liest. Das ist unsere Art von Aufruhr, wir wollen Denkanstöße geben. Die Leute müssen das nicht gut finden, aber sie sollen darüber nachdenken.« Die lokale Entwicklung beobachten sie genau. »Punks identifizieren sich mit ihrer Stadt«, betont Werwolf. »Wir mögen sie und möchten, dass es hier weitergeht. Wir hätten gerne wieder den schönen, freien Künstlerort, der Itzehoe früher war.« Ein Weg dahin führe über die Musik, meint er. »Jeder Punk macht Musik. Man würde gut damit fahren, Räume für junge Leute bereitzustellen. Wenn du Musik machst, musst du lernen, dich mit anderen arrangieren. Das ist die beste soziale Arbeit.« Werwolf stutzt. »So einen Spießerkram erzähl ich«, sagt er und lacht. In Hamburg oder Berlin wäre das Leben vielleicht leichter für ihn, aber umziehen würde er niemals. »Ich bin Lokalpatriot. Ich will die Stadt nicht verlassen, dafür liebe ich sie viel zu sehr.«

All das werden die Passanten nie hören, die am La-Couronne-Platz einen großen Bogen um die Punks machen. Sie erfahren nicht, dass Werwolf »für Mama« manchmal ein Hemd anzieht, bemerken nichts von seinem Humor, hören keine Sätze wie »An meine Haare lass ich nur Wasser und Werwolf«. Es gebe eben heftige Vorurteile, weiß der Itzehoer. »Viele denken, dass wir Vollidioten sind, die nie was gelernt haben.« Davon fühle er sich nicht mehr angegriffen. Nur eines treffe ihn: »Wenn man uns nationalsozialistische Kraftausdrücke an den Kopf wirft, ist das zum Kotzen.«

Egal, ob die Gruppe künftig am La-Couronne-Platz sitzen wird oder anderswo – Werwolf wird nie aufzuhören, Punk zu sein. »Eine alte Eiche pflanzt man nicht mehr um«, meint er und bricht in Gelächter aus. »Ich möchte gerne als Punk sterben. Mein Traum ist, dass ich in einem Sarg aus Weißblechbierdosen begraben werde.« Vielleicht in seinem Lieblingsshirt mit der Aufschrift ›Zahme Vögel singen von Freiheit, wilde Vögel fliegen‹. »Den Spruch finde ich richtig geil«, bekräftigt Werwolf. »Ich bin der wilde Vogel«, ergänzt er vorsichtshalber – nicht, dass noch einer auf spießige Gedanken kommt.

LA-COURONNE-PLATZ
25524 ITZEHOE

Die Wohltäterin

Prinzessin Juliane im ›Julienstift‹

Ihr Leben könnte den Stoff für heutige Seifenopern und Kinofilme liefern: Prinzessin Juliane zu Hessen-Kassel (1773–1860) wuchs in Adelskreisen auf, genoss trotz aller Standesschranken eine moderne Erziehung und war eine reiche Frau. Doch sie traf nie den richtigen Mann, wurde von 1810 bis zu ihrem Tod Äbtissin des Itzehoer Klosters und eine der größten Wohltäterinnen der Stadt. Auf sie geht unter anderem das ›Julienstift‹ zurück, Itzehoes erstes Krankenhaus.

Viele Bürger waren in der ersten Hälfte des 19. Jahrhunderts bettelarm und hatten keine Möglichkeit, sich bei Krankheit abzusichern. Das wollte ein Frauenverein ändern, der sich um die Prinzessin herum gründete und den Bau eines Hospitals vorantrieb. Das Geld dafür kam durch Spenden und Versteigerungen selbst gefertigter Handarbeiten zusammen. Am 18. Juli 1834 konnte die Äbtissin den Grundstein legen, 1837 fand die Eröffnung statt. Als 1947 das Krankenhaus in die Gallwitz-Kaserne, die spätere Hanseatenkaserne am Langen Peter zog, wurde das ›Julienstift‹ zum Altenheim.

Heute erinnert sich kaum einer mehr an die Prinzessin. Die Klinik liegt inzwischen an der Robert-Koch-Straße, das ›Julienstift‹ heißt ›Sozialkaufhaus‹, das Denkmal zu Ehren der Adligen steht abseits im Klosterhof. Und von der ›Juliengarde‹, dem nach ihr benannten klösterlichen Korps, ist allein die gleichnamige Straße geblieben. Juliane – das ist für viele lediglich eine der Skulpturen im Prinzeßhofpark. Nur die Jüngsten kennen sie, und das leibhaftig: Die Itzehoerin Monika Anders schlüpft regelmäßig in die Haut der Prinzessin und führt Kinder im Kreismuseum Prinzeßhof, wo Juliane einst wohnte, in die Biedermeierzeit.

EHEMALIGES JULIENSTIFT
STIFTSTRASSE 5
25524 ITZEHOE

CONDIAPURE
CONDIAS
CONDUCTIVE DIAMOND PRODUCTS

27 Technologien für die Zukunft

Dr. Matthias Fryda im Unternehmen ›Condias‹

Der Itzehoer ›Innovationsraum‹ im Stadtteil Edendorf ist ein Gewerbegebiet, dessen Flächen für technologieorientierte Firmen reserviert sind. Neben dem Fraunhofer-Institut für Siliziumtechnologie ISiT und dem Innovationszentrum IZET, wo Unternehmensgründer umfassend unterstützt werden, haben sich dort auch zahlreiche kleine und mittelständische Firmen angesiedelt. Eine davon ist die ›Condias GmbH‹, die von Dr. Matthias Fryda und Dr. Thorsten Matthée 2001 als Ausgründung des Braunschweiger Fraunhofer-Instituts für Schicht- und Oberflächentechnik IST ins Leben gerufen wurde und inzwischen Marktführer im Bereich der diamantbeschichteten Elektroden ist. Die 30 Mitarbeiter arbeiten an innovativen Methoden zur Reinigung von Wasser. Diese kommen zum Beispiel in der Pharmaindustrie und Kosmetikproduktion, bei Bierbrauern und in der Lebensmittelherstellung zum Einsatz, aber auch bei der Aufbereitung des Ballastwassers in der Hochseeschifffahrt. Sogar auf der Internationalen Raumstation findet sich die Technik aus Itzehoe.

Katrin Götz: Warum haben Sie Ihr Unternehmen in Itzehoe gegründet?
Dr. Matthias Fryda: Als wir uns selbstständig machen wollten, haben wir deutschlandweit geschaut, wo wir uns ansiedeln können. Wir hatten rund 50 Auswahlkriterien, die wir abgehakt haben. Am Ende blieben Ulm und Itzehoe übrig. Für den Standort in Schleswig-Holstein haben wir uns dann entschieden, weil hier die Anfangsfinanzierung am besten zu realisieren war. Außerdem hätten wir in Ulm in direkter Nachbarschaft zu Firmen wie BMW oder Nokia gelegen. Hier haben wir ein viel größeres Alleinstellungsmerkmal.
Sie sind gebürtiger Itzehoer. Was für ein Gefühl war es, in die Heimat zurückzukommen?
Es war ein sehr zwiespältiges Gefühl. Meine Frau ist ebenfalls Itzehoerin; wir waren uns beide einig, dass wir gerne hier wohnen würden. Nach Hamburg, Braunschweig und Birmingham wollten wir auf jeden Fall außerhalb einer Großstadt leben, aber doch dicht genug daran,

Am ISiT geht es um modernste Technologie-Entwicklungen

um zum Beispiel die kulturellen Möglichkeiten wahrzunehmen. Das ist in Itzehoe ideal gegeben. Aber wenn man in ein bekanntes Umfeld zurückkehrt, ist die Gefahr groß, fremdbestimmt zu werden, etwa durch Anforderungen der Familie – das verträgt sich schwer damit, wenn man selbstbestimmt eine Firma gründen will.

Haben Sie die Rückkehr jemals bereut?

Nein, nie. Weder beruflich noch privat. In Itzehoe herrscht ein äußerst technologiefreundliches Klima. Die Stadt unterstützt uns, wo sie kann, auch das Land. Da haben es Betriebe in anderen Bundesländern sehr viel schwerer. Und Itzehoe ist immer noch ein toller Ort, das Leben zwischen den Meeren ist das schönste. Es hängt doch an mir, was ich aus den Möglichkeiten mache.

Doch Itzehoe ist Provinz – ist es nicht schwierig, die hoch qualifizierten Arbeitskräfte zu bekommen, die Sie brauchen?

Weil Itzehoe im Randbereich von Hamburg liegt, war das nie ein Problem. Und wir haben durchaus schon Mitarbeiter aus Süddeutschland hergeholt. Wer nicht hier im Grünen leben möchte, kann in Hamburg wohnen und pendeln. Außerdem gibt es mehr Studierende aus Schleswig-Holstein, als es entsprechende Arbeitsplätze in Technologieunternehmen gibt, dadurch ist das Angebot an gutem Personal hier sogar besser als in Süddeutschland, wo mehr Firmen darum konkurrieren.

Welche Bedeutung hat der Edendorfer ›Innovationsraum‹ für die Stadt?

Der Bereich ›Hightech Itzehoe‹ hat sich lange nicht so entwickelt wie gehofft. Ich glaube, das dauert einfach seine Zeit. Aber inzwischen gibt es im ›Innovationsraum‹ rund 1.000 Arbeitsplätze, er stellt also einen nicht unerheblichen Arbeitgeber dar. Das Fraunhofer-Institut ISiT hat schon den Zukunftspreis des Bundespräsidenten gewonnen, es wird hier hochkarätige Forschung gemacht. Und wenn man auf die kleinen Betriebe schaut, dann haben sich hier Firmen niedergelassen, die weltweit Marktführerpositionen haben. Die Ansiedlung wird weitergehen. Die Zukunftssicherung der Stadt liegt in mittelständischen innovativen Unternehmen, die eine weltweite Daseinsberechtigung haben.

Wie fühlt es sich an, der Chef einer Firma wie ›Condias‹ zu sein, die weltweit führend ist?

Es ist spannend. Einerseits ist es eine Belastung, denn man hantiert nicht nur in der eigenen Zeitzone, sondern fängt morgens sehr früh an, mit Asien zu kommunizieren, und hört abends sehr spät auf, mit Nordamerika zu telefonieren. Allerdings gibt es viele interessante Themen, bei denen man das Gefühl hat, dass man Einfluss nehmen kann auf die Entwicklung. Auch wenn wir nur ein kleines Rädchen dabei sind, können wir Bereiche, die gesellschaftlich diskutiert werden, doch mitbeeinflussen.

Können Sie ein Beispiel nennen?

Ein Beispiel ist die Frage: Wie gehen wir mit Medikamentenrückständen um, die selbst in Kläranlagen nicht beseitigt werden? Wir arbeiten bei ›Condias‹ an einer Technologie, die möglicherweise in der Lage ist, solche Stoffe abzubauen. Wenn man sieht, man hat die Möglichkeit, an der Lösung solch einer Frage mitzuwirken, dann ist das ein spannendes Gefühl.

Hätten Sie bei der Gründung Ihres Unternehmens gedacht, dass es sich so entwickelt?

Ich hätte nie gedacht, dass es sich so entwickelt, und das ist auch gut

›Hightech Itzehoe‹ und seine Architektur im ›Innovationsraum‹

so. Hätten wir vorher alles gewusst, was kommen und wie schwierig es manchmal sein würde – ich weiß nicht, ob wir uns das Ganze zugetraut hätten. Aber es ist schön, jetzt sagen zu können: »Wir konnten alles so gestalten, dass wir nichts missen möchten.«

Sie beteiligen sich regelmäßig an Aktionen wie der ›Summer Science School‹, bei denen Schüler die Möglichkeit erhalten, die Betriebe im ›Innovationsraum‹ kennenzulernen. Warum halten Sie das für wichtig?

Die Zukunft liegt in der jüngeren Generation. Die Begeisterung für Naturwissenschaft und Technik kann die Schule schwer vermitteln. Ich finde es aber wichtig, dass diese Begeisterung da ist. Wenn wir zum Beispiel nach Korea schauen: Dort haben die Menschen vor 50 Jahren noch in Stroh- und Holzhütten gelebt und sich von Ackerbau und Viehzucht ernährt. Heute ist das Land im technologischen Bereich führend, weil es dort viele junge Menschen erstrebenswert finden, etwas in diesem Bereich zu tun. In Deutschland ist die Technologie ebenfalls ein wichtiger Wirtschaftszweig, der das Land geprägt hat. Doch wenn wir nicht aufpassen, entziehen wir uns die Lebensgrundlage. Wir brauchen Leute, die fortsetzen, was Deutschland stark gemacht hat. Wenn wir dazu beitragen können, dass einige den technologischen Weg gehen, ist das entscheidend für unsere Zukunft. Aber es geht vor allem darum, dass die jungen Leute durch solche Angebote entscheiden können, woran sie wirklich Spaß haben, denn nur dann kann man wirklich gute Leistungen bringen.

Leistung ist das eine – was muss jemand sonst noch mitbringen, um mit einer innovativen Firma erfolgreich zu sein?

Begeisterungsfähigkeit! Ich muss von dem, was ich tue, überzeugt sein.

Ich muss mein Innerstes nach außen kehren und gucken: Wo sind meine Stärken? Die sollte ich ausbauen. Das gilt für die persönliche Ebene genauso wie für die Technologie. Und man braucht Durchhaltevermögen. Bei kleinen Betrieben ist es entscheidend, dass man lange genug durchhält, vor allem finanziell, damit das Produkt die Chance und die Zeit hat, bekannt und gebraucht zu werden. Und das hängt oft an menschlichen Entscheidungen, daran, dass jemand sagt: »Ich riskiere es, auf dieses neue Produkt zu setzen.« Das kann man nicht erzwingen, das ist oft ein glücklicher Zufall.

Was erwarten und erhoffen Sie sich in der Zukunft für Ihr Unternehmen?

Der Traum, wie weit wir in Itzehoe wachsen wollen, ist die Verfünffachung unserer Mitarbeiterzahl. Wir stehen zurzeit an der Schwelle, um Technologien für die Halbleiterindustrie zu liefern. Wenn uns das gelingt, wird es einen richtigen Boom geben. Außerdem sehen wir unsere Desinfektionstechnologien in ein paar Jahren auch außerhalb des industriellen Bereichs, zum Beispiel bei der Beseitigung von Bakterien im Leitungswasser oder auch bei der Oberflächenreinigung im Haushaltsbereich. Das sind Themen, die uns umtreiben.

Was wünschen Sie sich für den Itzehoer ›Innovationsraum‹?

Dass wir weiterhin ein Klima haben, durch das sich Firmen wie ›Condias‹ in einer Größenordnung von 20 bis 40 Mitarbeitern ansiedeln. Dann bleiben wir heterogen und vielfältig, das ist eine große Chance. Die Rahmenbedingungen vor Ort sind ideal dafür. Die Kostenstruktur ist attraktiv und Itzehoe ist eben eine sehr technikfreundliche Stadt.

CONDIAS GMBH
FRAUNHOFERSTRASSE 1 B
25524 ITZEHOE
WWW.CONDIAS.DE

Zeitschriften
Zeitschriften
STIHL
STIHL

28 Kunstvolle Täuschungen

Manuel Zint in der alten Sauerkrautfabrik

Wer Manuel Zint in seinem Atelier besucht, muss ganz genau wissen, wohin er will. Auf dem Weg zwischen einer Autovermietung und einer Waschanlage hindurch gelangt der Besucher auf einen Hinterhof, an dessen Ecke die Werkstatt liegt. »Es ist ein Nebengebäude der alten Sauerkrautfabrik, die von der Firma ›Hengstenberg‹ aus Esslingen 1938 errichtet wurde«, erklärt der Künstler. Bis Ende der 70er-, Anfang der 80er-Jahre sei dort Kohl verarbeitet worden. In einem der Häuser seien im Keller noch schneckenartig gemauerte Bereiche zu sehen, wo das Gemüse gewaschen wurde – mit direkter Verbindung zur Stör, in die das Abwasser floss. Es klingt plausibel, was der Itzehoer über den Ort erzählt, an dem seine Kunstwerke entstehen. Aber ist es auch wahr?

Wer die Arbeiten Zints kennt, bleibt skeptisch, denn er weiß, wie mühelos der Künstler Realität und Fiktion verschmelzen lässt. Da tauchen Informationen über einen Museumsanbau auf, den es nie gegeben hat. Durch einen Kopfhörer sind die vermeintlichen Gesänge der Vogelspinne zu hören, die darunter im Terrarium sitzt. Felle, Knochen und Zähne werden als Überreste der ›Murwels‹ ausgegeben, riesiger fleischfressender Maulwürfe, deren Existenz durch Abhandlungen über den Berufsstand ihrer Jäger untermauert wird. Auf den ersten Blick ist die Täuschung nicht zu erkennen, oft nicht einmal auf den zweiten. Und manchmal fällt der Groschen erst Tage nach dem Ausstellungsbesuch. »Es geht nicht darum, die Leute aufs Glatteis zu führen«, betont Zint. »Aber ich muss billigend in Kauf nehmen, dass es passiert.« Sein Anliegen sei, die Betrachter zu verunsichern. Sie sollen sich fragen: ›Ist das so?‹ Und vor allem: ›Warum stelle ich mir diese Frage jetzt?‹ Auf die Antwort müssen sie allerdings alleine kommen. »Es ist nicht die Aufgabe des Künstlers zu erklären. Ich bin dagegen, dass alles auf dem Silbertablett serviert wird. Es bleibt nur haften, was man sich selbst erarbeitet.« Diese Erfahrung habe er schon als Schüler gemacht. »Ich bin nicht gerne zur Schule gegangen, weil es mich genervt hat, alles reproduzieren zu müssen. Das hat nichts mit eigenständigem Denken zu tun.« Deshalb müssen die Besucher seiner Ausstellung auch von sich

›Der Steintafelsetzer‹ (2005): Handwerkszeug eines ausgestorbenen Berufsstandes

aus durchschauen, dass es bei den Werken um die Auseinandersetzung mit dem persönlichen Wirklichkeitsbegriff geht und um die Frage nach der Deutungshoheit, darum, dass es heute wichtiger ist, wie etwas präsentiert wird, als was dahintersteckt. »Wenn ich eine Sache auf einen Sockel stelle, glauben die Leute daran, allein weil sie auf dem Sockel steht. Ich kann Dinge glaubhaft machen, nur indem ich sie aufbereite«, sagt Zint. »Das sind Themen mit gesellschaftlicher Relevanz.« Und die muss Kunst für ihn haben. »Ich finde es schlimm, wenn Künstler in einer Nabelschau herausstellen wollen, wie sie sich fühlen, wenn sie ein Bild in Blau malen. Biografische Dinge in künstlerischer Arbeit kann ich nicht ausstehen. Das ist Maltherapie, das hat mit echter Kunst nichts zu tun.«

Es ist Zint bewusst, dass er mit seinen Ansichten provoziert. »Ich war schon immer ein etwas schwieriger Mensch; überkritisch, ein fürchterlicher Klugscheißer«, gesteht er ein. Er habe sich oft selbst Steine in den Weg gelegt. Doch als er mit zwölf Jahren in Münster in eine Jugendkunstschule ging, stellte er fest: »Kunst ist etwas, bei dem ich mir nicht im Weg stehe, da kommt was bei raus.« Die Entscheidung, sie zum Beruf zu machen, sei nicht nur naheliegend gewesen, sondern auch ohne Alternative. Den Plan, Kunstlehrer zu werden, verwarf Manuel Zint allerdings schnell wieder. »Ich habe gemerkt, dass mir die Arbeit mit Kindern viel Spaß macht, aber nicht die Arbeit an der Schule.« Also wechselte er in den Studiengang Freie Kunst an der Kunstakademie Münster, wurde Meisterschüler von Lili Fischer und merkte bald, dass er seine Absichten über Installationen und Events am besten ausdrücken konnte. Die Kunstvermittlung pflegt er heute unter anderem in Malkursen für Kinder und Erwachsene.

Das alles ist in Itzehoe ein bisschen schwieriger als an anderen Orten. Weil seine Frau dort ihren Traumjob fand, kam er in die Stadt und dachte: ›Hier ist Provinz, da musst du dir erst was aufbauen.‹ Allerdings fehle die Infrastruktur, das künstlerische Verständnis; es mangele an Ausstellungsräumen, etwa einer Stadtgalerie. »Die Kulturszene macht sich selbst nicht attraktiv genug«, bedauert Zint. »Doch der größte Widerstand hier ist, dass die Leute gar nicht das Gefühl haben, dass ihnen etwas fehlt. Wer Kultur möchte, greift automatisch zum Autoschlüssel, um dorthin zu gehen, wo er meint, Kultur zu finden. Hamburg strahlt nicht aus, sondern zieht rein.« In kritischen Statements, etwa beim ›Runden Tisch‹ für Kulturschaffende in Itzehoe, nimmt er Stellung zu diesen Problemen. Durch eigene Projekte wie ›Secession!‹ reagiert er darauf, schafft neue Kunsträume, holt Kunst an Plätze, wo sie sonst nicht zu finden ist. Orte wie die alte Sauerkrautfabrik. Die gab es übrigens wirklich.

ATELIER MANUEL ZINT
ALTE SAUERKRAUTFABRIK
LEDENKAMP 4
25524 ITZEHOE
WWW.MANUELZINT.DE

Verbatim
KONTAKT
WL

Harmonie der Gegensätze

Oliver Rau in der Schulstraße

Der eine betreibt eine Computerwerkstatt, der andere ist Schamane. Ein Dritter ist Musiker, der Vierte Inhaber eines Ladens für Feuerzubehör in der Mittelalterstadt Tulderon. Es sind vier ganz unterschiedliche Welten, in denen sie sich bewegen, und doch steht auf ihren Visitenkarten dieselbe Adresse: das ›Domizil‹ in der Schulstraße 10a. Haben die einzelnen Charaktere auf den ersten Blick noch so wenig gemeinsam – hinter allen steckt Oliver Rau.

In seiner Wirkungsstätte im Viertel Sude liegt das Zentrum für all seine Aktivitäten. Auf dem Gelände einer ehemaligen Elektrofirma, das von einer Schule, Handwerksbetrieben und Wohnhäusern umringt ist, aber doch ein wenig abseits liegt, findet das Multitalent ideale Bedingungen für sein vielfältiges Wirken. Hier zieht sich Rau zurück in seine Werkstatt, ins Tonstudio oder in den Gruppenraum, von dem er direkten Zugang zum idyllischen Garten mit Büschen, Bäumen und Kräuteranpflanzungen hat. Sein ›Domizil‹ ist seine Basis, von der aus der 40-Jährige seine Spuren quer durch Itzehoe und weit darüber hinaus hinterlässt: Im Veranstaltungszentrum ›Atzehoe‹ ist er für die Musiktechnik zuständig, für die Johanniter hat er in den 90er Jahren den Jugendverband auf Bundesebene mitgegründet und leitet noch heute Jugendlager, für die Stadt ist er als Betreuer bei Ferienfreizeiten dabei, bei lokalen Festivitäten steht er als Musiker auf der Bühne. Die Liste ließe sich problemlos fortsetzen. Oliver Rau ist ein Tausendsassa im positivsten Sinne. »Ich habe immer viele Sachen parallel gemacht«, erzählt er. »Ich mag unkonventionelle Dinge und hatte seit jeher Bock darauf, etwas auszuprobieren und mich in ferne Welten zu träumen.«

Die musikalische Laufbahn sei zuerst gestartet, erklärt der Itzehoer. Mit neun Jahren entdeckte er seine Begeisterung für die Orgel, als er später zu den Pfadfindern kam, wechselte er zur Gitarre. »Ich habe gemerkt, dass die Mädels darauf stehen«, bemerkt er grinsend. Er musizierte in einer Schülerband, spielte 1994 im

Musik macht er auch: Oliver Rau beim Weinfest auf der Bühne

Musical ›Hair‹ den Claude und bringt heute noch als DJ bei Festivals und Partys die Menge zum Kochen. Regelmäßig bestreitet er mit eigenen Bands Auftritte. Die Hallen des Landes kennt er als Bühnentechniker auch backstage. »Ich hatte schon die Ehre, bei einem AC/DC-Konzert die Klampfe von Angus Young nach vorne zu tragen. Das war in der Köln-Arena vor 45.000 johlenden Leuten, ein irres Gefühl!«

Rau sitzt nie einfach so rum, und schon gar nicht im Hintergrund. Er ist jederzeit unterwegs, macht bei irgendeiner Aktion mit. »Ich bin ein Performer«, sagt er. »Ich bin ein Umsetzer. Ich will einer sein, der etwas bewerkstelligt.« Deshalb war ihm auch in seinem Beruf als Energieelektroniker zunehmend unwohl zumute. »Ich fühlte mich beengt in meinen Freiheiten. Ich bin kein Mensch, der sich unterordnen kann, ich muss vieles selbstverantwortlich machen«, stellt Rau fest. Nach elf Jahren warf er den Job hin und machte sich 2004 mit seinem Computernotdienst selbstständig. Mit der Technik habe er schon immer gerne herumexperimentiert, sei schon 1992 Mitglied im ›Chaos-Computer-Club‹ geworden. Irgendwann werde er daran mitwirken, den ›Time-Warp-Antrieb‹ für Zeitreisen zu entwickeln, meint der Science-Fiction-Fan lachend.

Selbst praktiziert er die Zeitreisen längst. Regelmäßig verwandelt er sich beim Mittelalterrollenspiel ›Tulderon‹ in Donatus von Steinburg und taucht ein in das Leben um 800 n. Chr. Seine Faszination für diese Epoche habe ihn dazu gebracht. Drachen töten und Jungfrauen retten habe er einfach ausprobieren wollen. »Und ich bin noch kein Mal gestorben!«, betont er. Neben dem dunklen

Zeitalter beschäftigt er sich als Wellnessberater und eingetragener Medizinproduktberater zudem mit Naturheilkunde und Naturreligionen. Dabei stieß der Itzehoer wiederum auf Druiden und Schamanen. »Das sind tolle Typen«, erklärt Rau. »Die kauen kurz auf einer Ratte herum und am nächsten Tag ist man gesund. So was können meine Ärzte nicht.« Bereits bei der ersten Berührung mit diesem Thema habe es ihn fasziniert, wie uraltes Wissen erfolgreich angewandt werde. Oliver Rau begann, sich mit Stein- und Kräuterheilkunde auseinanderzusetzen. Viele Rohstoffe dazu findet er im Garten seines ›Domizils‹. Es war nur eine Frage der Zeit, bis er selbst mit der Ausbildung zum Schamanen anfing, deren Abschluss noch aussteht. »Ich lerne immer mehr und bin immer mehr verwundert, mit wie wenig die Welt funktionieren könnte«, resümiert Rau. »Das Leben an sich ist einfach, nur der Mensch verkompliziert es total.«

Und wer anfangs noch verblüfft war und sich fragte, wie Esoterik und Technik, Moderne und Mittelalter, Kräuter und Computer zusammenpassen, der wundert sich über das eigene Erstaunen, sobald er Oliver Rau erlebt. Der Itzehoer geht in all seinen Rollen mit gleicher Begeisterung und Überzeugung auf. »Man muss sich alle Seiten angucken im Leben«, betont er. »Es gibt zu allem einen Gegensatz. Sie scheinen nichts miteinander zu tun zu haben – aber wenn man sie zusammennimmt, ist es die Welt.« In Itzehoe ist diese im ›Domizil‹ vereint.

DOMIZIL
SCHULSTRASSE 10 A
25524 ITZEHOE

Leben für die Bühne

Regina Mehlmann im ›theater itzehoe‹

»Komm doch mal mit!« Hätte ihre Kollegin im Finanzamt diesen Satz vor mehr als 40 Jahren nicht gesagt, sähe Regina Mehlmanns Leben heute anders aus. Vielleicht wäre sie in einem Sportverein aktiv, vielleicht ginge sie öfter tanzen. Wahrscheinlich würde sie sogar ab und zu das ›theater itzehoe‹ besuchen. Sie ginge dann allerdings durch den Haupteingang und nähme auf einem der 650 Stühle im Zuschauerraum Platz. So aber läuft Regina Mehlmann an dem ovalen weißen Bau rechts vorbei, geht um die Ecke, ein paar Stufen hinunter und betritt durch die unscheinbare Tür den Probenraum der ›Itzehoer Speeldeel‹. Zu der niederdeutschen Theatergruppe habe sie damals als 18-Jährige ihre Kollegin nur begleitet, weil sie Plattdeutsch konnte. Dass sie selbst spielen könnte, hätte sie nicht für möglich gehalten.

Zwei Jahre lang trug Regina Mehlmann Requisiten, half hinter den Kulissen. »Früher wurde man nicht sofort aufgenommen, heute sind wir über jeden froh, der mitmachen mag«, bemerkt die Itzehoerin. Mit 20 Jahren stieg sie ins Ensemble auf, im Stück ›Thea Witt mokt nich mit‹ stand sie 1972 erstmals auf der Bühne. Inzwischen hat sie bei mehr als 900 Aufführungen mitgewirkt. Geprobt wurde früher in der Ritterstraße, die Auftritte fanden im alten Stadttheater in der Reichenstraße statt. Seit der Einweihung des ›theater itzehoe‹ im September 1992 ist die ›Speeldeel‹ komplett in den markanten Bau umgezogen, den der Kölner Architekt Professor Gottfried Böhm einem Zirkuszelt nachempfunden hat. Leicht fiel es nicht. Es gab durchaus Skepsis: Wird die Tradition zum modernen Ambiente passen? Wird man sich zu Hause fühlen? Auch stellte die große Bühne eine Herausforderung für die ›Speeldeel‹ dar, die seit dem Einzug das einzige feste Ensemble im Gastspielhaus ist.

Doch längst hängen am ›theater itzehoe‹ unzählige schöne Erinnerungen – etwa an die erste eigene Inszenierung von Regina Mehlmann ›Lütte Lüüd un groot Halunken‹ im Jahr 1995. Die Regiearbeit habe sie immer interessiert, erklärt die heute 60-Jährige. Sie habe viel von den früheren Bühnenleitern Julius Lichtenberg und Wilhelm Kunert gelernt, zudem Seminare des Niederdeutschen Bühnenbunds besucht,

Beeindruckende Innenarchitektur: das ›theater itzehoe‹, errichtet von Professor Gottfried Böhm

dem die 1920 gegründete ›Speeldeel‹ angeschlossen ist. Seit 2011 ist sie selbst Bühnenleiterin. Sowohl die Arbeit auf als auch hinter der Bühne habe ihren Reiz. »Wenn ich Rollen habe, versuche ich mir einen Menschen passend dazu zu schneidern, ich bin dann nicht mehr ich«, erklärt sie. Auch bei der Regie müsse sie ein klares Psychogramm erstellen. Für jeden der Laienspielgruppe das Passende zu finden sei spannend.

Maximal 20 Spieler zählt das Ensemble, in guten Zeiten waren es mindestens doppelt so viele. Die ›Speeldeel‹ teilt die Nachwuchssorgen vieler Vereine. Am Plattdeutschen liege es nicht, meint die Itzehoerin, das könne jeder lernen, anfangs helfe Lautschrift bei der Aussprache. Eine Alternative können hochdeutsche Stücke ohnehin nicht sein, denn die Schauspieltruppe hat als Vereinszweck den Erhalt der niederdeutschen Sprache festgelegt. Durch die Jugendgruppe ›Die Speeldeel-Gören‹ versuche man, junge Menschen zu gewinnen. Doch der Wunsch nach ständiger Erreichbarkeit und die berufliche Belastung ließen sich nur schwer mit den Proben vereinbaren. Drei Eigeninszenierungen werden jedes Jahr einstudiert, in dem Vierteljahr vor der Aufführung trifft sich das Ensemble dreimal in der Woche im ›theater itzehoe‹. Da wächst man zu einer Familie zusammen. »Jeder kennt jeden, jeder redet mit jedem, und jeder gibt etwas von sich preis. Das ist ein schönes Gefühl«, meint Regina Mehlmann. Die Probe sei fast wie eine Therapie. »Wenn einem etwas auf der Seele liegt, wenn jemand mit Stress von der Arbeit kommt – das ist nach einer halben Stunde alles weg.« Außerdem lerne man den Minimalismus zu schätzen. »Das Handy oder der Computer werden unwichtig, es spielt nur das mit, was gebraucht wird. Da merkt man, wie man sich im Alltag mit allem Möglichen belastet. Theater zu machen, erdet mich.« Geht es schließlich am Premierentag aus dem Keller hoch auf die Bretter des ›theater itzehoe‹, verspürt Regina Mehlmann ein großes Kribbeln. Als Schauspielerin habe sie kaum noch Lampenfieber. »Aber wenn meine Regie auf die Bühne soll, bin ich nervös, weil ich es dann nicht mehr beeinflussen kann. Eine Premiere ist immer ein bisschen wie eine Geburt: Das, mit dem man sich monatelang befasst hat, muss raus und sich behaupten.« Wenn das Stück gut angenommen wird, »dann ist das Adrenalin ohne Ende«.

Kaum ist der Beifall verklungen, geht die Arbeit weiter. Vorstandssitzungen stehen an, Verträge mit anderen niederdeutschen Bühnen wie dem Hamburger ›Ohnsorg-Theater‹, die die ›Speeldeel‹ jedes Jahr ins ›theater itzehoe‹ holt, müssen ausgehandelt werden. Einen Abend in der Woche reserviert Regina Mehlmann für sich. Doch ganz ohne ihre ›Speeldeel‹, ohne Texthefte, ohne Proben – unvorstellbar. Die Wünsche der Itzehoerin drehen sich nicht um bestimmte Stücke, die sie noch reizen oder Rollen, die sie unbedingt einmal spielen will. Sie hat nur ein Anliegen. »Gesund zu bleiben und das möglichst lange machen zu können.«

THEATER ITZEHOE
THEATERPLATZ
25524 ITZEHOE
WWW.THEATER-ITZEHOE.DE
WWW.ITZEHOERSPEELDEEL.DE

Pannkooke
CAFÉ · BISTRO

Wein, Weib und Gesang

Atze in der ›Piano-Bar‹

Braune Hose, braune Strickjacke über dem gediegenen Hemd, Gesundheitsschuhe an den Füßen – Guntram Horst widerlegt jedes Vorurteil, das es über Männer aus dem Rotlichtmilieu gibt. Er trägt keine Rolex am Handgelenk, keine dicke Goldkette am Hals, und muskelbepackt ist er auch nicht. Eigentlich sieht er aus wie ein freundlicher, ein bisschen schrulliger älterer Herr. Dass er in der ›Piano-Bar‹ einen Nachtklub betreibt, würde wohl niemand vermuten, der ihn nicht kennt. Und wer ihn kennt, der würde ihn nie auf sein Etablissement in der St.-Jürgen-Straße reduzieren. Atze, wie er seit Jahrzehnten genannt wird, prägt die Stadt auf vielfältige Weise – und auf seine ganz eigene Art.

Atze wäre womöglich nie in Itzehoe gelandet, hätte er nicht schon immer einen Blick für schöne Frauen gehabt. Als in der Aula seiner Schule im hessischen Frankenberg ein Film über eine Reise mit dem Segelschulschiff ›Gorch Fock‹ gezeigt wurde, gab es kein Halten mehr. »Weiße Segel im Wind, Soldaten in Uniform, lächelnd mit brasilianischen Schönheiten an der Hand, dazu sang ein Chor Seemannslieder – ich war restlos begeistert«, blickt der heute Mittsechziger zurück. In der Folge meldete er sich als 16-Jähriger freiwillig zur Marine. »Ich wollte raus aus meinem engen Leben, Schule und Kinderheim verlassen und die Welt erleben.« 1965 landete er im Ausbildungsbataillon in Glückstadt. Dort entdeckte er schnell, dass es ein Fehlgriff war. »Ein Leben als Befehlsempfänger war überhaupt nicht mein Ding, aber da musste ich nun durch.«

Viel mehr lagen ihm nach eigener Aussage »Wein, Weib und Gesang«. Die vielen netten Mädchen in der Garnisonsstadt seien nicht zu übersehen gewesen. Schon bald lernte Atze seine erste Frau kennen – inzwischen ist er mit der dritten verheiratet – und wurde mit 19 Jahren Vater des ersten seiner fünf Kinder. Die junge Familie wurde in Itzehoe heimisch, wo Atze 1975 den Nachtklub ›Chalet‹ eröffnete, damals noch am Sandberg. Durch Zufall sei er dazu gekommen, erzählt er. »Frisch und unerfahren« habe er den Nerv der Zeit getroffen – den der Gäste, aber auch den eigenen. »Der Nacht-

Im ›Bermuda-Dreieck‹ wartet das Nachbargebäude des ›Atzehoe‹ noch auf seine Nutzung

klub ist genau mein Lebenszuschnitt: Die Gäste feiern, und ich feier mit.« Er könne nicht allein sein, brauche immer Menschen um sich herum. Außerdem habe er schon früh festgestellt: »So eine richtig tolle Frau, die du gut findest, die hast du nie für dich alleine.« Die Bezeichnung ›Bordell‹ kommt ihm nur schwer über die Lippen. »Wir haben als Unterhaltungsbar aufgemacht, da hatten wir noch gar keine Zimmer«, sagt er. »Ich wollte einen Nachtklub, nie ein Billigbordell. Es gab gute Laune, Drinks, Erotik und Livemusik. Wir hatten eine singende Barfrau, und ich klimperte auf dem Klavier.« Für Itzehoer Geschäftsleute sei das ›Chalet‹ ein Muss gewesen, sogar Ehepaare hätten regelmäßig vorbeigeschaut. Ein Barbesuch nach dem Kneipenbummel habe als chic gegolten, freitags gab es den ›Lohntütenball‹. Doch von der Musik alleine hätte der Laden nie leben können. »Das Verruchte gehörte immer ehrlich dazu«, betont Atze. »Ich liebe diese Art zu leben. Aber es darf nicht zu primitiv sein. Heute ist alles so niveaulos.« Als er das ›Chalet‹ gründete, sei noch vieles verboten gewesen – heute sind ihm die Sitten zu frei, verroht und abgestumpft. Bei ihm gilt nach wie vor: »Bei mir muss keiner gar nichts. Es kann alles sein, es muss nichts.«

Als die Zeiten in den 80er-Jahren schwieriger wurden und ein Besuch im Nachtklub nicht mehr als angesagt galt, wurde das ›Chalet‹ in die oberen Stockwerke verbannt, der Name rückte in den Hintergrund, dafür eröffnete unten die ›Piano-Bar‹, ein Musikklub mit regelmäßigen Liveauftritten. Ohne Musik kann Atze nicht sein, sie ist neben den Frauen seine zweite große Leidenschaft. Schon als Teenager habe er selbst musiziert, sogar ein Plattenvertrag wurde ihm schon angeboten. Wehmütig blickt der Barbesitzer zurück in die 80er-Jahre, als Itzehoe noch eine Musikstadt, die Kneipenlandschaft und das ›Bermuda-Dreieck‹ auch jenseits der Stadtgrenzen ein Begriff war. Damals baute er sein ›Bierdorf‹ am Holzkamp auf, mit Musikkneipe, Disco, Weinstube und Snackbar. »Von überall kamen die Leute her, hier tobte das Leben, Itzehoe boomte.« Heute sei vom »kleinen, feinen Kiez« wenig übrig. »Das Viertel, das man überall im Norden kannte, ist leider heute fast abgeschrieben. Ich vermisse das alte, lustige Itzehoe sehr. Ich lebe immer noch rückwärts.«

Atze hat viele Rückschläge erlebt. Einen beliebten Naturpark mit Tieren und Spielmöglichkeiten, den er 1985 im nahen Gribbohm eröffnete, musste er schon nach wenigen Monaten wieder schließen. »Entweder war es wegen seltener Trockengräser oder weil ich Rotlichtmilieuruf genoss«, meint er. Jahrelang prozessierte er gegen die Entscheidung, stand am Rande der Pleite. Es schmerzte, doch Atze verzweifelt nicht so schnell. Er krempelte die Ärmel hoch und machte weiter, setzte neue Ideen um. 2005 eröffnete er am Sandberg neben der ›Piano-Bar‹ das ›Atzehoe‹, um nachts wieder kleine Speisen anbieten zu können. »Nachdem der Pizza-Express im ›Bermuda-Dreieck‹ schloss, gab es ja nichts mehr zu futtern für Nachtschwärmer.« Zugleich wurde das ›Atzehoe‹ Zentrum seines ›Vereins für Freizeit und Kommunikation‹. Dessen Ziel ist laut Satzung, ›gegen den übertechnisierten Zeitgeist und menschliche Vereinsamung zu wirken, sich in sich selbst und anderen wiederzufinden durch offene gesunde Kommunikation und gemeinsames Erleben‹. Und auch in den

Atzes ›Bücherzelle‹ hält sich tapfer: Wer mag, nimmt sich ein Buch oder bringt eins vorbei

schwärzesten Stunden, als im Januar 2009 ein Feuer die ›Piano-Bar‹ samt ›Chalet‹ in Schutt und Asche legte und damit sein Lebenswerk zerstörte, war Atze nach ein paar Tagen wieder der Alte. »So weh, wie's getan hat – scheiß auf Depression. Auf ein Neues! Wir wollen nicht lau abhängen, wir wollen zurück in die Zukunft«, bekräftigt er. Keine drei Wochen nach dem Brand wurden am neuen Standort in der St.-Jürgen-Straße die ›Piano-Bar‹ samt ›Chalet‹ neu eröffnet. Die Ruine am Sandberg war in Rekordzeit beseitigt, im ehemaligen ›Atzehoe‹ entstand eine Kneipe.

Die Itzehoer beobachten das alles mit einer Mischung aus Skepsis, Staunen und Bewunderung. »Für die meisten bin ich eine Mischung aus Gangster und Clown«, meint Atze. Es störe ihn nicht besonders, er macht einfach sein Ding. »Ich liebe diese Stadt einfach!« Deshalb arbeitet er unermüdlich daran, »ein bisschen Power hier reinzukriegen«. Keine Idee ist zu schräg, um von Atze nicht wenigstens in Erwägung gezogen zu werden. »Ich träum mir die Welt schön«, erklärt er. »Es sind oft naive Ideen, die ich habe – ich bin halt Micky-Maus-Leser.« Wenn er zum Beispiel im Urlaub in anderen Städten etwas Schönes sehe, halte er es fest und setze es in Itzehoe um. Auf diese Weise erhielt der Ort 2008 ein Antiquariat in einer Telefonzelle in der Kirchenstraße: Jeder kann dort gebrauchte Bücher hineinlegen oder herausnehmen. Allen Unkenrufen zum Trotz läuft das ohne Probleme, die Zelle ist immer gut gefüllt, und in all den Jahren gab es nie größere Beschädigungen. Mit dem Veranstaltungszentrum ›Atzehoe‹ am oberen Sandberg beseitigte er zudem einen prominenten Leerstand und etablierte inzwischen die angesagteste Adresse für Livemusik in der Stadt. Am früheren Standort am Sandberg wurde jüngst das ›Pannkookenhus‹ eingerichtet, in dem Pfannkuchen in allen Variationen serviert werden. Im niederländischen Groningen stolperte Atze über die Idee – und nahm sie mit. Die von ihm ins Leben gerufene Musiknacht, bei der an einem Abend in zahlreichen Kneipen rund ums ›Bermuda-Dreieck‹ Bands auftreten, lockt Jahr für Jahr Tausende Besucher an. Zudem diskutiert er beim ›Runden Tisch Kultur‹ der Stadt mit. Für das ›Alsen‹-Gelände schweben ihm Projekte mit »ein bisschen Gefühl und Natur« vor, zum Beispiel ein Naturpark oder eine Künstlerkolonie.

Wenn Atze erst einmal anfängt zu träumen, ist er schwer zu stoppen – bis Bauvorschriften oder Verbote ihn zur Vollbremsung zwingen. »Wenn du Ideen hast, kriegst du die nicht durch, immer musst du kämpfen«, klagt er. »Es wird hier so viel rumgetüdelt.« Doch das »Gejaule« mag er nicht mehr hören. Es brauche nicht viel Geld, um Itzehoe voranzubringen, ist Atze überzeugt. »Man muss Heimatgefühl haben und eine innere Liebe zum Ort, um zu sehen, was geht. Itzehoe hat eine Menge Potenzial, wenn man mit dem Herzen rangeht.« Atze wird nicht müde. »Das Leben muss Spaß machen. Leben ist für mich, sich auf morgen zu freuen.« Er will »die gute Laune in unserer Stadt aufrechterhalten«, wie früher mehr Leute anlocken, die Läden füllen. Dann endlich können wieder alle mit einstimmen, wenn Atze in der ›Piano-Bar‹ die Gitarre auspackt und singt: »In Itzehoe sind wir froh!«

PIANO-BAR
ST.-JÜRGEN-STRASSE 9
25524 ITZEHOE

SALVE

Rituale unterm Sternenhimmel

Peter Franzke im Logenhaus in der Poststraße

Rote Backsteine, hübsche weiße Rundbogenfenster und Verzierungen in der Fassade: Das Haus mit der Nummer 6 in der Poststraße ist schön, aber nicht spektakulär. Dass es von Passanten trotzdem oft neugierig beäugt wird, liegt an einer kleinen Tafel mit der Aufschrift ›Herzog-Friedrich-Loge‹. »Eine Loge kennen die meisten nur als Sitzplatz im Theater«, weiß Peter Franzke. Er ist Obermeister, also Vorsitzender der Gemeinschaft, die zum weltweit agierenden ›Odd Fellow‹-Orden gehört. Es ist eine ethisch-humanitäre Vereinigung, die sich Werte wie Toleranz und gegenseitige Hilfe auf die Fahnen geschrieben hat. Ihr Symbol ist in den Räumen in Itzehoe allgegenwärtig: drei Kettenglieder, die für Freundschaft, Liebe und Wahrheit stehen.

Es sind abstrakte Begriffe – und genau das ist das Problem. »Es ist schwer, etwas zu vermitteln, was nicht greifbar ist«, sagt Franzke. »Deshalb wird viel blödes Zeug geredet, oft wird gefragt, ob wir eine Sekte sind.« Dabei gehe es in dem eingetragenen Verein darum, beim geselligen Beisammensein die Beziehung untereinander zu pflegen und sich zur Seite zu stehen, über alle Interessen, Charaktere und Konfessionen hinweg. »Wir kennen keinerlei Einschränkungen bezüglich Stellung, Beruf und Herkunft«, betont der Endsechziger. Auch der soziale Aspekt sei wichtig. Mit Fonds wird Menschen in Not geholfen, regelmäßig fließen Spenden für wohltätige Zwecke.

Das alles folgt strengen Ritualen, die Außenstehende staunen lassen. Was sich hinter den Mauern des Hauses abspielt, das 1897 eigens für die damals gegründete Loge errichtet wurde, ist fremd und faszinierend. Schon der Eintritt in die Gemeinschaft erfolgt nicht einfach per Formular: Bei der sogenannten ›Kugelung‹ wird mit weißen und schwarzen Kugeln über die Aufnahme des ›Suchenden‹ abgestimmt. Die Einführung ist eine festliche Zeremonie, bei der die Männer Smoking, weiße Fliege und weiße Handschuhe tragen. Dem neuen Bruder werden nicht nur die Regeln vermittelt, sondern auch Passworte und spezielle Klopfzeichen verraten, die ihm Türen öffnen.

In der üppig ausstaffierten ›Halle‹ finden die Sitzungen der Herzog-Friedrich-Loge statt

Im Laufe der Zugehörigkeit durchlaufen die Mitglieder verschiedene Grade, die sich auch in den Farben ihrer Kragen, der Regalien, niederschlagen. Peter Franzke, der 1978 in die Herzog-Friedrich-Loge eingetreten ist, hat längst alle Stufen hinter sich. Er mag die Rituale, doch der größte Reiz ist für ihn die Gemeinschaft. »Jeder bringt etwas ein, hält Vorträge, das ist schön.« Wenn er durch das Treppenhaus mit der Blumentapete nach oben in das Sitzungszimmer läuft, in die sogenannte ›Halle‹, lässt er die Außenwelt hinter sich. Der Raum erscheint mit Buntglasfenstern, dem roten Teppich mit eingewebtem Kettensymbol, den seitlich angeordneten blauen Klappstühlen und dem erhöhten Sitz des Obermeisters wie eine Mischung aus Gerichtssaal und Kirche. Die Decke ist als Himmel mit kleinen Sternen gestaltet. »Bei den Sitzungen entsteht ein Gefühl der Ruhe, des Entspannens, sich Sammelns«, beschreibt Franzke die Atmosphäre. »Das ist durchaus etwas, das man auch in der Kirche sucht.« Vieles in der Loge basiere auf dem Alten Testament. Doch es gilt: »Keine konfessionellen, parteipolitischen und unpassenden Reden.« Stattdessen gibt es Musik zur inneren Einkehr und Vorträge über ethische Inhalte – »etwas Erbauliches, das Gehalt hat«, erklärt der Obermeister. Er kann sich noch gut an sein erstes eigenes Referat erinnern. Es handelte vom Für und Wider der Todesstrafe. »Hinterher wurde ich zerpflückt und saß da mit hochroten Ohren«, erzählt er lachend.

Der Itzehoer hat auch schon viele Logen in anderen Ländern besucht. »Man wird überall eingelassen«, schwärmt er von der weltweiten Gemeinschaft. Vor allem in Skandinavien steige die Zahl der Zugehörigen stetig an. In Deutschland dagegen haben sie mit Überalterung und Mitgliederschwund zu kämpfen. 1.060 ›Odd Fellows‹ gibt es bundesweit noch in 35 Bruderlogen und einer gemischten Vereinigung. In Itzehoe sind es nur noch neun Mitglieder. Als Peter Franzke eintrat, waren es noch 40, in den Glanzzeiten nach dem Ersten Weltkrieg sogar 89. Der Bruch kam 1933. Toleranz und Humanität konnten sich mit der nationalsozialistischen Ideologie nicht vertragen, die Logen mussten sich auflösen, wurden enteignet. Nach dem Krieg kämpfte insbesondere Carl Arnold um den Wiederaufbau in Itzehoe. Nach langen Verhandlungen erhielten die Brüder am 4. Januar 1946 die Erlaubnis, wieder Treffen abhalten zu dürfen. Es gelang ihnen auch, ihr altes Logenhaus in der Poststraße zurückzukaufen. Nach der Beschlagnahme war es einige Zeit als Heimatmuseum genutzt worden, bevor es schließlich verkam. Alles musste von Grund auf erneuert werden. Doch zur früheren Blüte fand die Vereinigung nie zurück. 1959 wurde mit 66 Brüdern der Höchststand nach dem Krieg erreicht, seitdem ging es stetig bergab. Und so blickt Peter Franzke ein wenig bange auf den Freibrief, der gleich neben dem Eingang der ›Halle‹ hängt. »Das ist unsere Legitimation. Wenn der Brief weg ist, gibt es die Loge nicht mehr«, erklärt er und fügt nachdenklich hinzu: »Und wenn wir uns auflösen, müssen wir ihn zurückgeben.«

HAUS DER HERZOG-FRIEDRICH-LOGE
POSTSTRASSE 6
25524 ITZEHOE

33

Einkaufen wie früher

Kerrit Kunert auf dem Wochenmarktplatz

Kerrit Kunert ist eine waschechte Itzehoerin: In der Timm-Kröger-Straße aufgewachsen, lebt sie auch als 50-Jährige in ihrer Heimatstadt. Einer der schönsten Orte ist für sie der Wochenmarktplatz, wenn am Donnerstagvormittag das bunte Händlertreiben herrscht. Dort findet sie das Einkaufserlebnis, wie sie es von früher kennt.

Katrin Götz: Wie war Ihre Kindheit?

Kerrit Kunert: Super. Wir waren paddeln, haben uns am ›Planschbecken‹ getroffen. Wir konnten durch die Wälder streifen, es gab tolle Plätze.

Was hat sich seitdem verändert?

Das Kleine fehlt. Es gab früher viele inhabergeführte Geschäfte: Gemüsehändler, Käseladen, Schlachter, die ›Obstpalette‹. Da kannte man sich, das machte Itzehoe aus. Man fühlte sich aufgehoben und geborgen. Heute gibt es das nur noch auf dem Wochenmarkt, der ein echtes Highlight ist. Es macht Spaß, dort einzukaufen, man kommt ins Gespräch. So wie es früher war. Ein solches Erlebnis hat man im Supermarkt nicht. Und in vielen Läden auch nicht mehr. Aber es gibt Inhaber, die etwas bewegen, Mut beweisen. Das ist der richtige Weg. Und Itzehoe hat dennoch viele schöne Ecken: den Breitenburger Wald, die Stör, den Klosterhof, den Hafen bei Sonnenuntergang.

Nun leben Sie in der Neustadt. Gerne?

Die Neustadt ist sehr schön, wie ein Dorf. Man kennt sich, es ist nicht so anonym.

Wollten Sie je weg?

Wir haben mit unseren vier Kindern hier immer gern gelebt. Wir haben alles: Kindergärten, Schulen, Freizeit- und Kulturangebote, Sportmöglichkeiten. Das Potenzial ist da, man muss es nur nutzen.

WOCHENMARKTPLATZ
SCHUMACHERALLEE
25524 ITZEHOE

34 Weinhändler mit Autogrammkarte

Heinz Pfingsten im ›Historischen Weinhaus‹

Besser könnte sich kein Bühnenbildner die Kulisse ausdenken: Ein Schild auf einem alten Weinregal weist den Weg über das bucklige Kopfsteinpflaster der Salzstraße zur schweren, grün bemalten Holztür von Heinz Pfingsten. Dahinter liegt eine Weinstube wie aus dem Bilderbuch. In einem verwinkelten Gebäude mit vielen Nischen stapeln sich Flaschen in alten dunklen Regalen, auf schweren hölzernen Tischen stehen Gläser für die nächste Kostprobe bereit, gedämpftes Licht fällt durch die verzierten Buntglasfenster. »Eigentlich ist es völlig unpraktisch mit all den Ecken und Kanten und Treppen«, bemerkt der Inhaber. »Aber es ist ja nicht auf alt gemacht, sondern wirklich alt.«

Als der Unternehmensgründer Heinrich Pfingsten das Haus 1863 kaufte, betrieb er allerdings noch keine Weinhandlung, sondern eine Schmiede im Nachbargebäude. Den Fuhrbetrieb, den er zusätzlich besaß, gab er auf Anraten seiner Frau Luise auf und begann stattdessen, den Schnaps, den er vormals transportiert hatte, zu verkaufen. 1870 stellte das Ehepaar erste eigene Destillate her, bis zum Ersten Weltkrieg bestimmten hochprozentige Spirituosen, süße Dessertweine und Fruchtkonzentrate das Angebot. Mit ihrem Himbeersirup gewann die Firma 1904 auf der Weltausstellung in Amsterdam sogar die Goldmedaille. Nach dem Zweiten Weltkrieg erfuhren die Nachfolger Hans und Irmgard Pfingsten mit Kirschlikören und einem beliebten Kräuterwein neuen Aufschwung. Mehr als 650 Gaststätten zwischen Husum und Fehmarn standen 1950 auf ihrer Kundenliste. Erst als Sohn Klaus das Geschäft 1963 übernahm, wurde die Spirituosen- in eine Weinhandlung umgewandelt. Doch obwohl der Rebensaft 85 Prozent des Umsatzes ausmacht, gibt es auch heute noch in guter Tradition Hochprozentiges. Der Betrieb gehört zu den letzten kleinen Spirituosenfabrikanten Deutschlands.

Angelockt aus aller Welt werden die Gäste dennoch durch das vielseitige Weinangebot. »Importeure kommen gerne mit Winzern aus Frankreich oder Italien zu uns, weil es noch ein gewachsener, historischer Laden ist, kein durchgestylter, zweckmäßiger Glasbau«, berichtet

Historische Inschrift an der Hausfassade

Heinz Pfingsten. Manche Einheimische dagegen hätten noch nie einen Fuß über die Schwelle gesetzt. »Es gibt Leute in Itzehoe, die sich nicht reintrauen. Die Tür ist ja auch nicht wirklich kundenfreundlich, weil man nicht reingucken kann«, weiß der Händler. »Die denken, dass wir zu teuer sind, ausschließlich was für die ›Upper Class‹ anbieten. Dabei haben wir für jedes Portemonnaie den richtigen Wein. Wer anfängt, ein ›teurer August‹ zu sein, ist schnell weg vom Fenster.« Außerdem sei die breit gefächerte Palette eine Frage der Berufsehre. »Teure Weine verkaufen kann jeder. Wein ist keine Preisfrage, sondern eine Geschmackssache. Es gibt so viele Weine unter sieben oder acht Euro, die tolle Qualität haben; man muss sich nur die Mühe machen, die zu suchen.«

Heinz Pfingsten weiß genau, wo er suchen muss – und er weiß, wie es schmecken muss. Der Itzehoer beherrscht das Einmaleins des Handels mit dem Rebensaft, und er passt in seine historischen Geschäftsräume, als sei er nie woanders gewesen. Doch das täuscht. »Ich bin eingeheiratet«, erklärt er. Und bis er zur Bundeswehr nach Itzehoe kam, hatte der Kölner nur einen einzigen Berührungspunkt zu Wein. »Ich habe ihn schon immer gern getrunken«, sagt er lachend. Als Jugendlicher sei er mit seinen Freunden mit dem Mofa zum Zelten in die nahen Anbaugebiete gefahren. »Dort haben wir uns für 1,95 Mark eine Flasche Wein gekauft.« Kurz vor seiner Entlassung aus der Armee lernte er seine jetzige Gattin Frauke kennen, die Tochter von Klaus Pfingsten. Um bei ihr bleiben zu können, suchte er sich in der Region einen Job – und fand ihn zunächst als Werkschutzfachkraft im Kernkraftwerk Brokdorf. Sein Schwiegervater überredete ihn schließlich, eine Ausbildung zum Kaufmann im Weinfachhandel zu machen – und so entdeckte Heinz Pfingsten seine wahre Berufung. Er nahm an Weinreisen quer durch Europa teil, volontierte ein Dreivierteljahr bei einem Großhandel in Hamburg, besuchte Seminare des Deutschen Weininstituts in Mainz und machte einen Schein als anerkannter Berater für deutsche Weine. »Ich wurde sehr praxisbezogen ausgebildet«, sagt er. Sein Mentor Klaus Pfingsten, für ihn »anerkanntermaßen einer der fähigsten Leute im Weinbereich in Deutschland«, habe ihm zudem sehr viel beigebracht.

Nachdem Heinz Pfingsten 1980 nach Itzehoe gekommen war, folgten er und seine Frau 1996 seinem Schwiegervater als Inhaber des ›Historischen Weinhauses‹. »Es ist ein interessanter Beruf, es macht viel Spaß«, sagt der Kölner. Auf seinem Gebiet macht ihm längst keiner mehr etwas vor. »Man muss viel probieren, riechen, erinnern.« Das Riechen sei dabei das Wichtigste, noch vor dem Schmecken. Und man brauche Erfahrung. Wer noch nie Johannisbeeren gegessen habe, könne das Aroma auch im Wein nicht wiedererkennen. Egal, mit welchem Wunsch ein Interessent zu ihm kommt, Heinz Pfingsten wird aus den 400 verschiedenen edlen Tropfen den richtigen finden. Natürlich darf der vorher probiert werden. »Keiner kauft hier die Katze im Sack. Weinverkauf hat viel mit Vertrauen und Sympathie zu tun, man muss immer ehrlich und fair mit seinen Kunden umgehen.« Wer einmal zufrieden war, komme wieder, selbst wenn er schon längst nicht mehr in Norddeutschland wohne, sondern in Berlin. Gerade bei den Auswärtigen seien die ›Hausmessen‹ in Itzehoe sehr beliebt. »Die kommen, probieren sich durch und decken sich ein«, berichtet der Weinhändler. Manch ein Kunde wurde so über die Jahre schon zum guten Freund.

Von der Destille zur Weingroßhandlung: historische Anzeige aus der Kaiserzeit

Die Momente, in denen in seinem ›Historischen Weinhaus‹ Trubel herrscht, sind dem Inhaber am liebsten. Denn obwohl er mittlerweile länger in Itzehoe lebt, als er es in Köln getan hat, die Mentalität der Rheinländer hat er behalten: Er ist gesellig, umgänglich, und wenn um ihn herum der Bär steppt, blüht er auf. »Am meisten Freude machen die Weinprobe, das Ausschenken, der Kontakt mit den Kunden«, betont der Kölner. Inzwischen gibt es auch regelmäßig Ausschank. »Dann verwandelt sich das Weinhaus in eine Besenwirtschaft. Das ist keine Verkaufsshow, sondern es geht darum, Spaß zu haben, Wein zu trinken, zu schnacken und eine Kleinigkeit zu essen.« Das Angebot wird äußerst gern angenommen, längst haben sich Stammtische gebildet. Selbstverständlich ist das Geschäft eine der Auftrittsstätten während der jährlichen Itzehoer Kulturnacht. Und bei den eigenen Veranstaltungen mit Jazz- oder Rockbands platzt das kleine Häuschen in der Salzstraße aus allen Nähten. »Die Gäste lechzen förmlich danach«, sagt Heinz Pfingsten.

Wenn sie die schwere grüne Holztür wieder hinter sich zuziehen, haben manche Kunden nicht nur ein paar Flaschen Wein im Gepäck, sondern auch eine Autogrammkarte. Denn wenn Heinz Pfingsten nicht gerade edle Tropfen verkauft, steht er häufig vor der Kamera. Als der Itzehoer Filmemacher Leo Leiser 2009 den No-Budget-Film ›MCKimme‹ drehte, kam er ins ›Historische Weinhaus‹, um den Händler als Unterstützer zu gewinnen. Im Gegenzug sollte er eine Minirolle bekommen. »Ich sollte einfach irgendwo daneben stehen«, erinnert sich Heinz Pfingsten. Doch dann sagte ein Schauspieler ab – und der Weinhändler, selbst halber Grieche, musste die Rolle des griechischen Mafiabosses Stavros übernehmen und wurde zum heimlichen Star des Streifens. Das blieb auch dem Kabarettisten und Schauspieler Hans-Werner Olm, der ebenfalls mitwirkte, nicht verborgen. »Er meinte, ein bisschen Talent hätte ich ja und hat mir eine Agentur in Hamburg empfohlen«, erzählt Heinz Pfingsten. Der Itzehoer bewarb sich und wurde gleich zum Foto-Shooting eingeladen. Seitdem stand er unter anderem für die Serie ›Morden im Norden‹ mit Ingo Naujoks vor der Kamera, drehte mit Jan Fedder für den ›Hafenpastor‹ und mimte in Kai-Uwe Wedels ›Die Tote im Unterholz‹ einen Gerichtsmediziner. Nicht zuletzt stellte er in einem Schweizer Videoclip gegen Medikamentenplagiate einen Chemieprofessor dar. »Aber meistens bin ich der Bösewicht«, berichtet Heinz Pfingsten lachend. Er genießt die Auftritte. »Es macht Spaß, man kommt in eine ganz andere Welt rein und kriegt für sein Hobby auch noch ein bisschen Geld.« Die Kunden fänden es lustig. Besonders der Gag mit den Autogrammkarten kam gut an. Über 200 hatte er drucken lassen, sie sind längst vergriffen. Und vielleicht wird ihm ja irgendwann einmal eine Rolle als Weinhändler angeboten. Zum perfekten Drehort müsste Heinz Pfingsten dann nicht lange fahren – er müsste nur die Tür aufmachen.

HISTORISCHES WEINHAUS PFINGSTEN
SALZSTRASSE 2
25524 ITZEHOE
WWW.WEINHAUS-PFINGSTEN.DE

molten
OFFICIAL
FIBA

35 Basketball beflügelt

Johannes Konradt in der Sporthalle am Lehmwohld

Fußball oder Basketball? Johannes Konradt war gerade einmal sieben Jahre alt, als er sich entscheiden musste. Und er hatte keine Ahnung, wie stark sein Entschluss sein weiteres Leben beeinflussen würde. Zunächst war es einfach eine Notwendigkeit. Aufgrund seines Beckenschiefstands hatte der Physiotherapeut ihm Sport verordnet. »Weil alle Fußball gespielt haben, wollte ich lieber was anderes machen«, erinnert sich Johannes. Als er an seinem ersten Basketballtraining in der Sporthalle am Lehmwohld teilnahm, damals noch beim Sportverein MTV Itzehoe, war noch nicht abzusehen, dass er ein paar Jahre später fast mehr Zeit in der Mehrzweckhalle verbringen würde als zu Hause. Zu Beginn litt der Itzehoer jedoch fürchterlich. »Es ist nicht einfach, wenn man neu dazukommt und niemanden kennt«, erklärt er. »Ich war ein Außenseiter.« Doch Johannes Konradt ist keiner, der schnell aufgibt. Wenn er etwas anfängt, zieht er das durch.

Mittlerweile nähert sich Johannes Konradt dem 20. Lebensjahr, und aus dem einst pummeligen Jungen, der immer ein bisschen kleiner war als die anderen, ist ein 1,98 Meter großer junger Mann geworden. »Mit 15 habe ich einen Schub gemacht. Ab da fiel ich auf, mit Größe und Schnelligkeit«, berichtet der Sportler. »Da dachte ich: ›Jetzt bleibst du dran‹.« Dreimal in der Woche ist der Itzehoer inzwischen zum Training am Lehmwohld. Hier, in der größten Sporthalle der Stadt, mit Platz für bis zu 900 Zuschauer, trainieren die SC Itzehoe Eagles. Die Basketballmannschaft des Sport-Club Itzehoe, der aus der Fusion des MTV mit dem ETSV Gut Heil entstand, ist heutzutage weit über lokale Grenzen hinaus bekannt. Doch Johannes spielt nicht nur bei den ›Eagles‹ in der Mannschaft der 1. Regionalliga, sondern fährt zudem an zwei Tagen in der Woche nach Hamburg, wo er bei den ›Piraten‹ in der Nachwuchs-Basketball-Bundesliga Körbe wirft.

»Es ist schon eine Menge Zeit, die ich für den Sport brauche«, sagt der Itzehoer. Zumal er nebenbei noch an der Auguste-Viktoria-Schule aufs Abitur zusteuert. »Das leidet schon«, gibt er zu. Doch die Lehrer seien verständnisvoll, drückten auch mal ein Auge zu. Genau

Die ›Eagles‹ beim Festumzug zum Stadtjubiläum – Johannes Konradt ist natürlich dabei

wie seine Kumpels, denn am Wochenende mit ihnen feiern zu gehen, ist nicht drin – Johannes muss am nächsten Morgen schließlich für die Punktspiele fit sein. Aber da sein Freundeskreis sowieso zum größten Teil aus anderen Basketballern besteht, murrt keiner. Die Frage, ob sein Einsatz für die Profikarriere reicht, stellt sich der Itzehoer dennoch oft. »Ich gebe mein Bestes und gucke, wie weit ich komme«, erklärt er. »Wenn ich wirklich Profi werden könnte, würde ich mich riesig freuen.« Die Voraussetzungen, die jemand mitbringen muss, um ein guter Basketballer zu werden, kennt er. »Man braucht eine gewisse Athletik, darf nicht zu steif sein. Es ist wichtig, dass man früh genug anfängt, damit man die Basics lernt und einen vernünftigen Wurf hat. Und man braucht ein bisschen Talent.« Johannes erfüllt alle Kriterien. Doch er weiß, das alleine reicht nicht. »Ein bisschen Glück braucht man auch.«

Eine günstige Fügung ist ebenso bei jedem Spiel nötig. In der Jugendmannschaft war der Schüler längst abgebrüht, keine Spur mehr von Lampenfieber vor den Wettkämpfen. Doch in der Regionalliga und in der Nachwuchs-Bundesliga spüre er jetzt wieder eine Aufregung. »Weil es da um mehr geht. Es ist wichtig, dass wir gewinnen«, erklärt er. Doch daran werde er sich bestimmt bald gewöhnen. Ganz im Gegensatz zu den Niederlagen. »Ich bin ein ziemlich emotionaler Mensch«, gibt der Itzehoer zu. »Es nervt mich schon ziemlich, wenn es nicht so klappt.« Das ein oder andere Mal gerate er mit seinem Trainer aneinander, weil man ihm den Ärger allzu deutlich ansehe. »Ich bin dann nicht gut gelaunt.« Nach verlorenen Partien wolle er einfach seine Ruhe haben. Davon könnten vor allem seine Eltern ein Lied singen. »Die kriegen das ab«, gesteht Johannes. Dabei sind sein Vater und seine Mutter seine größten Fans. Bei jeder Begegnung in der Lehmwohld-Halle feuern sie den Sohn an, auch bei Auswärtsspielen sind sie dabei, sooft es geht. Und dass seine Mutter ihn vom Training in Hamburg abholt, versteht sich von selbst. »Ich erfahre sehr viel Unterstützung«, sagt er dankbar.

Glücklicherweise hält das Tief nach Niederlagen nie lange an. Das Training bereitet Johannes Spaß, es sei ein tolles Gefühl, wenn man sich intensiv vorbereite und es sich dann bezahlt mache. Außerdem gehe es ja nicht nur um einen selbst, sondern um die Mannschaft. »Und wenn man gemeinsam den Sieg holt, freut einen das am meisten.« Alles Gründe, weshalb der Schüler auch dann nicht auf Basketball verzichten möchte, falls es mit der Profikarriere doch nicht klappen sollte. Als Plan B fasst er ein Studium ins Auge. »Aber ich weiß noch nicht, ob das ebenfalls mit Sport zu tun haben soll.« Er weiß nur, dass er mal woanders hinmöchte, raus aus Itzehoe. Doch bis dahin bleibt die Lehmwohld-Halle sein zweites Zuhause und Itzehoe seine Heimat. Denn Johannes Konradt weiß, eines zeichnet die Stadt aus. »Im Basketball ist Itzehoe in Schleswig-Holstein echt gut. Itzehoe *ist* Basketball!«

SPORTHALLE AM LEHMWOHLD
AM LEHMWOHLD 49
25524 ITZEHOE
WWW.SPORT-CLUB-ITZEHOE.DE

Der musikalische Trainer

Ralf Kröger im Kulturhof

Bauernhöfe, Felder, Koppeln – so sah der Stadtteil Sude früher aus. Heute bestimmen Industrie und Gewerbe das Bild, nur noch wenige Häuser erinnern an die bäuerliche Vergangenheit. Eines davon ist das Gebäude in der Dorfstraße Nummer 4: der Kulturhof. Er beherbergt eine Musikschule und eine Musikalienhandlung und ist Ort vielfältiger Veranstaltungen – von der Theateraufführung bis zum Kunsthandwerkermarkt. Trotz vieler Umbauten blieb die Fassade des 1898 errichteten Hauses erhalten. Im Innern verbinden sich Alt und Neu. Viel Holz, lichtdurchflutete Räume und markante Balken sorgen für Atmosphäre.

Für Ralf Kröger ist es der schönste Arbeitsplatz der Welt. »Ich gehe jeden Tag gerne in das Gebäude, weil ich es schön finde«, sagt er. »Jeder Raum ist hübsch, alles ist traumhaft.« Der Itzchoer ist einer von rund 50 Lehrern, die dort tätig sind. Er ist dabei, seit sein Schwager Sören Zanner den Kulturhof 1999 eröffnet hat. Mehreren hundert Schülern hat Ralf Kröger mittlerweile die Geige nahegebracht. Viele von ihnen haben bei Wettbewerben vordere Plätze belegt oder später ein Musikstudium begonnen. Der Mittvierziger besitzt ein Händchen für das Unterrichten, deshalb entschied er sich nach dem Studium an der Musikhochschule Lübeck lieber für diesen Berufsweg, als sich »mit dem Rest der Welt um eine Orchesterstelle zu kloppen«. Es liegt nicht nur an seinem pädagogischen Geschick, dass er das Beste aus seinen Schützlingen herausholt, sondern auch an seiner eigenen Geschichte. Durch Zufall kam er zur Geige. Nachdem sein Großvater starb, ein begeisterter Hobbymusiker, erbte Ralf Kröger mit acht Jahren dessen Instrument. Schnell zeigte sich, dass er talentiert ist. Doch weil sein erster Mentor nicht allzu viel Wert auf die perfekte Technik gelegt hatte, musste er mit 19 noch einmal von vorne anfangen. Das hat ihn geprägt. »Die besten Lehrer sind die, die alle Probleme selbst kennen«, erklärt er und vergleicht das Geigenspiel mit Sport, den Lehrer mit einem Trainer: »Er muss analytisch herangehen und braucht die Fähigkeit, im richtigen Moment die richtige Hilfe zu geben.« Er selbst überlege sich genau, wie er den Unterricht aufbaut. »Die Abläufe müssen von Anfang an kor-

Kröger als Dirigent mit dem ›Itzehoer Kammerorchester‹. Der Kulturhof ist ein gefragter Aufführungsort für Musiker.

rekt sein, damit keine Fehlbewegungen entstehen, sonst gewöhnt man sich daran.« Ein gutes Körpergefühl sei wichtig. Und der Trainer müsse Leistung fordern. »Ich denke extrem leistungsbezogen«, sagt Ralf Kröger. Sein Ziel sei die Weiterentwicklung von Woche zu Woche. Dazu sei täglich konsequentes Üben nötig. Damit man das auf sich nehme, brauche man die Hingabe zum Klang. »Es muss Liebe sein«, betont er. »Es reicht nicht, wenn man ihn ein bisschen gern hat.«

Doch selbst die Liebenden verspüren in der Pubertät oft eine »ganzheitliche Lustlosigkeit«, bemerkt Ralf Kröger. Doch auch die übersteht er mit seinen Schützlingen. Denn er ist nicht nur ihr Lehrer, sondern auch ihr Freund. Mit sechs oder sieben Jahren kommen die Kinder das erste Mal zu ihm. Der Geigenlehrer durchlebt mit ihnen Liebeskummer, Stress in der Schule, Streit mit den Eltern. Es sind Themen, die er als vierfacher Vater kennt. Instrumentalunterricht habe viel mit Psychologie zu tun. »Ich muss die Gefühlswelt des Gegenübers zu 100 Prozent nachvollziehen, um es unterstützen zu können«, erklärt Kröger. »Das funktioniert nur, wenn man sich menschlich nah ist.« Zu vielen Schülern habe er noch Jahre später guten Kontakt.

Ralf Kröger weiß, was er kann, aber es zu sagen, überlässt er lieber anderen – denen, die es am besten wissen: denen, die er unterrichtet. Er sei kritisch, konsequent und streng, sagen die. Er verlange Anspruch ohne Ausnahme. Dabei habe er viel Humor, sei ehrlich und authentisch und nehme sich selbst nicht so wichtig. Kröger sagt wiederum, alle guten Schüler hätten ihn irgendwann überholt. Das sei nicht schlimm, sondern eine Bestätigung für seine Arbeit. Wenn einer seiner Schützlinge Erfolge feiert, fühle es sich toll an, weil er wisse, er hatte einen wesentlichen Anteil daran. Das Minimalziel sei, dass jeder sein Instrument so gut beherrsche, dass er in einem Hobbyorchester mitspielen kann, wie dem von ihm am Kulturhof geleiteten ›Itzehoer Kammerorchester‹. Er selbst musiziert unter anderem im von ihm gegründeten ›Kammerensemble Itzehoe‹ und in der ›Norddeutschen Sinfonietta‹. »Es ist wichtig, dass ich noch übe und auftrete und die Sachen nicht aus der Erinnerung erzähle«, meint der Musiklehrer. Man müsse im Training bleiben.

Dieses Credo gilt auch für Krögers zweite große Leidenschaft: das Fußballspiel. Im Unterricht muss jedes Wort überlegt sein. »Beim Fußball ist die Sprache nicht so ausgewählt, sondern aus der Hüfte geschossen – und egal, ob Handwerker oder Professor, auf dem Platz sind alle wieder kleine Jungs«, schwärmt er. »Das genieße ich sehr.« Doch am nächsten Tag geht er genauso gerne zur Arbeit. »Der Kulturhof ist etwas ganz Außergewöhnliches, auch optisch«, sagt Ralf Kröger. Eigentlich sei Itzehoe nur als Übergangsstation geplant gewesen, als er sich 1992 mit seiner Frau in deren Heimatstadt niederließ. »Der Kulturhof ist ein wesentlicher Grund dafür, dass wir geblieben sind.«

KULTURHOF ITZEHOE
DORFSTRASSE 4
25524 ITZEHOE
WWW.KULTURHOF-ITZEHOE.DE

Ein Visionär

Wenzel Hablik in der Reichenstraße

»Clownkleider nähen wir nicht«, soll eine Hamburger Schneiderei gesagt haben, als Wenzel Hablik um 1910 dort mit selbst gestalteten Stoffmustern auftauchte. Heute kommen Menschen von überall ins Itzehoer Museum in der Reichenstraße, um die ›Clownkleider‹ zu sehen. Habliks Nachlass, der sich seit 1995 in dem denkmalgeschützten Kaufmannshaus befindet, reicht von Ölgemälden über Möbel und Besteck bis zu Masken. Es gibt praktisch nichts, was der Itzehoer nicht irgendwann entworfen hätte. Eine ideale Partnerin bei der Umsetzung seiner Textilkunst fand er in der Weberin Elisabeth Lindemann, die er 1917 heiratete.

Der Künstler, der 1881 in Böhmen geboren wurde und von 1907 bis zu seinem Tod 1934 in Itzehoe lebte, war seiner Zeit voraus, entwarf futuristische Flugmaschinen und Utopien der Baukunst. Heute gilt er als bedeutender Maler und einer der wichtigsten Vertreter der expressionistischen Architektur. In Itzehoe gestaltete er Villen und Hotelgaststätten extravagant aus. Hablik fiel auf, wenn er mit bunten Strümpfen, kurzer Hose und seltsamen Mützen durch die Stadt spazierte. Er liebte es zu provozieren. Und das tut er heute noch.

Während seine Werke weltweit gefragt sind und schon im Pariser ›Centre Georges Pompidou‹ hingen, wissen die Itzehoer nicht so recht, etwas mit ihrem Universalgenie anzufangen. Als sich 2007 für die Stadt die Chance bot, sein früheres Wohnhaus in der Talstraße 14 zu kaufen, wurde jahrelang gestritten – und am Ende abgelehnt. Viele Itzehoer schien das nicht zu stören. Hablik sei doch bloß, so hieß es in einem Leserbrief in der ›Norddeutschen Rundschau‹, ein »durchaus überschätzter Künstler«.

WENZEL-HABLIK-MUSEUM
REICHENSTRASSE 21
25524 ITZEHOE
WWW.WENZEL-HABLIK.DE

Der Störvater von der Stör

Uwe Jens Lützen am Suder Hafen

Es ist ein Fisch – viel mehr wusste Uwe Jens Lützen bis Ende der 90er-Jahre noch nicht über den Stör. »Ich hätte ihn kaum von einem Hering unterscheiden können«, sagt der Itzehoer rückblickend. Heute hält er fundierte Vorträge über den Urfisch. Er ist anerkannter Experte und leistet ehrenamtlich einen wesentlichen Beitrag zur Rettung des europäisch-atlantischen Störs, der als nahezu ausgestorben galt. Dank seiner Hilfe konnten am Suder Hafen seit 2009 jedes Jahr Jungfische in den Fluss eingesetzt werden. Ein Gedenkstein mit einem 1,50 Meter langen Fisch aus rostfreiem Stahl erinnert an die erste Besatzmaßnahme.

Allzu viele Neugierige werden das Denkmal noch nicht gesehen haben, denn aus dem Hafen, einst Umschlagplatz für Tausende Tonnen Güter, ist ein beschauliches Fleckchen geworden. Nur einmal im Jahr bleibt an der 450 Meter lange Kaimauer kein Zentimeter frei: wenn sich beim ›Störschipperfest‹ historische Boote ein Stelldichein geben und an Itzehoes maritime Vergangenheit erinnern. Uwe Jens Lützen hat das Fest, das 2005 erstmals stattfand, maßgeblich mitentwickelt und organisiert. Die Stör und der Stör – sie sind zu seinem Lebensinhalt geworden.

Der Schlüssel zu seinem Engagement liegt in der Vergangenheit des Itzehoers. Er wuchs in der Neustadt innerhalb der Flussschleife auf, das Gewässer prägte seine Kindheit ebenso wie Hunger und Not. Lützen erinnert sich an Attraktionen wie die Öffnung der Drehbrücke, ans Baden unter der Delftorbrücke, aber auch an Dreck, Gestank und Elend. Einmal habe er sich an einem Offiziersdegen den Fuß zerschnitten, als er Holz aus der Stör holte. Später zog seine Familie nach Dithmarschen, er machte eine Lehre zum Schlosser und Schiffsmaschinenschlosser, ging zur Bundesmarine und fuhr zur See, bevor er in den Sanitätsdienst der Bundeswehr eintrat und nach Köln zog. 1993 kehrte er in seinen Heimatort zurück und setzte sich wenig später in der ›Agenda-21-Gruppe‹ für eine nachhaltige Stadtentwicklung ein. Ein zentrales Thema, mit dem sich die Initiative beschäftigte, war die Bedeutung des Flusses Stör für Itzehoe. Man entsann sich, dass es einen Fisch gleichen Namens gibt. Lützen recherchierte und lernte, dass bei-

Regelmäßig werden Jungstöre wie hier an der Stör in die Zuflüsse der Elbe eingesetzt

de Bezeichnungen auf den veralteten Begriff ›stur‹ im Sinne von ›groß‹ zurückgehen, dass die Stör früher Laichfluss für den Stör war. Und er stellte fest, »dass eine solche Synonymität in der Welt wohl einmalig ist«. Mit diesem Pfund könne man wuchern, dachte er. Der Itzehoer knüpfte Kontakte unter anderem zur Gesellschaft zur Rettung des Störs und zum Leibniz-Institut für Gewässerökologie und Binnenfischerei in Berlin. Er erfuhr, dass Überfischung sowie die Begradigung und Verschmutzung der Gewässer den Fisch fast ausgerottet hatten – und dass es Bemühungen zur Wiederansiedlung in Deutschland gibt. Die Wissenschaftler sagten, dass sie ›Macher‹ vor Ort bräuchten. »Da brannte das Feuer in mir«, blickt Lützen zurück.

Im Januar 2002 hielt er erstmals einen Vortrag im Kreismuseum Prinzeßhof. Seitdem sind Dutzende dazugekommen. Lützen reist durch die gesamte Republik, wird bei Renaturierungsmaßnahmen zurate gezogen, hat an Büchern mitgewirkt. ›Störvater von der Stör‹ nennt man ihn südlich der Elbe. Selbst den Präsidenten der ›Welt-Störgesellschaft‹ hat er schon vertreten. »Das beflügelt«, meint der Itzehoer. Zusätzlich klärt er in Angelvereinen auf und gibt sein Wissen in

Schulen weiter. »Wir brauchen die Kinder. Sie müssen das vollenden, was jetzt begonnen wird, denn der Stör wird erst mit 12 bis 15 Jahren laichreif. Dann kehrt er zu dem Platz zurück, wo er geschlüpft ist.« Die Kleinen lassen sich anstecken von Uwe Jens Lützens Enthusiasmus, reißen sich darum mitzuhelfen, wenn Jungfische eingesetzt werden. Das passiert zweimal jährlich, im Frühjahr besonders publikumswirksam im Zusammenhang mit dem ›Störschipperfest‹. Noch 2002 habe er nicht einmal daran gedacht, dass jemals wieder ein Stör in der Stör schwimmt, sagt Lützen. »Heute geht keine Besatzmaßnahme in Deutschland über die Bühne, an der die Region nicht beteiligt ist.« Der Experte nimmt den Wissenschaftlern sämtliche Organisationsarbeit vor Ort ab. »Die setzen sich in Berlin mit 250 Fischen ins Auto und müssen an nichts mehr denken.«

Auch ins Stadtleben kehren der Stör und die Stör zurück. Eine Straße in Sude wurde auf Vorschlag der ›Agenda‹-Initiative ›Störfischerstraße‹ genannt. Es gibt Stör-Ringe und Störe aus Marzipan. Die gusseisernen Abdeckungen der Regenrinnen in der neu gestalteten Fußgängerzone sind mit Stören verziert, auf der Gedenkmünze zur 775-Jahr-Feier 2013 ist der Fisch zu sehen, das Stadtmanagement hat ihn ins Logo aufgenommen. »Langsam kann ich mich zurücklehnen«, meint Lützen. »Es ist ein Selbstlaufer geworden, man besinnt sich darauf.« So kann er ganz in seinem Sinne in den Hintergrund treten. »Ich will nicht im Vordergrund stehen, im Vordergrund stehen der Stör und die Stör«, betont er, wohl wissend, dass noch Jahre vergehen werden, bis sie wieder eine untrennbare Einheit sind. »Ich hoffe, dass ich es noch erlebe, wenn die ersten Störe in die Stör zurückkommen.«

SUDER HAFEN
25524 ITZEHOE

Glühwein
Itzehoer
Heinrich Pfingsten
Historisches Weinhaus
9% Vol. Inh. 1Ltr.

39 Spaß in der Kultbude

Werner Frings auf dem Weihnachtsmarkt in der Breiten Straße

»Treffen wir uns auf einen Glühwein?« – wer das in der Adventszeit in Itzehoe fragt, muss keinen Platz vereinbaren. Es ist klar, wohin der Weg führen wird: an die Bude von Werner Frings in der Breiten Straße. Der Stand direkt gegenüber der Einmündung zum Oelmühlengang gehört in Itzehoe zur Weihnachtszeit wie der Tannenbaum. Er hat Kultstatus erreicht, an manchen Tagen ist kaum ein Durchkommen, so viele Menschen drängen sich um die Hütte.

Das hätte sich Werner Frings nicht träumen lassen, als er 1981 zum ersten Mal auf dem Weihnachtsmarkt stand, damals noch am La-Couronne-Platz in einer Hütte des Handel- und Gewerbevereins. »Ich hatte einen Teeladen in Itzehoe und habe Tee und Tee mit geelem Köm oder Rum verkauft, außerdem haben wir Waffeln gebacken«, erzählt er. Glühwein gab es nebenan in der Bude vom Weinhaus Pfingsten. »Das war alles noch im ganz kleinen Rahmen. Ich habe mehr Zeitung gelesen als ausgeschenkt.« Als Pfingsten seinen Stand wenige Jahre später aufgab, fragte Frings an, ob er den Glühwein verkaufen dürfe – und er durfte. Seitdem kommen bei ihm der ›Eisbrecher‹ und andere heiße Rebensäfte des Weinhauses in die Becher. »Auf dem Itzehoer Weihnachtsmarkt sind vor allem Einheimische unterwegs«, weiß der Budenbetreiber. »Da kann man keinen billigen Kram ausschenken, sonst kommen die nicht wieder.« Der gute Glühwein aus Itzehoe sei im Einkauf um ein Vielfaches teurer als das, was auf Touristenmärkten wie in Lübeck angeboten werde. »Aber das ist es mir auch wert.«

Die Kunden wissen es zu schätzen. Sie blieben ihm auch treu, als er 1996 seinen Standort nach einem Streit mit dem Organisator des Marktes wechselte und ans untere Ende der Breiten Straße zog. »Da war damals noch nichts, das spielte sich alles in der Feldschmiede und auf dem La-Couronne-Platz ab«, berichtet Frings. Ein Jahr später ergab sich die Möglichkeit, die Bude und die Stehtische auf der Fläche vor dem Eiscafé ›Casal‹ aufzubauen, an der heutigen Position. Der Inhaber nutzte die Gelegenheit und holte weitere Stände und ein Kinderkarussell in die Breite Straße. Viele Jahre lang hat er den kompletten

Die Häuser im Hintergrund sind inzwischen abgebrochen – die Bude ist auch nach Jahren noch da

Weihnachtsmarkt organisiert, bevor das Stadtmanagement diese Aufgabe übernahm.

Gelegenheit, Zeitung zu lesen, hat Frings schon lange nicht mehr. Am letzten Schultag vor den Weihnachtsferien treffen sich alle Schüler an dem festlich dekorierten Stand. 500 Kunden müssen Werner Frings und sein Team dann bedienen. Acht Helfer drängen sich in der zwei mal fünf Meter großen Hütte, schenken im Akkord Kakao und Punsch aus, backen Waffeln. Ein ähnlicher Andrang herrscht an Heiligabend. Studenten, die auf Heimatbesuch sind, ehemalige Itzehoer, die über die Feiertage die Familie besuchen, alte Bekannte, die sich nur einmal im Jahr sehen – woher sie auch kommen, am Fest treffen sie sich bei Werner Frings. Für den über 60-Jährigen sind das die schönsten Tage. In dieser Zeit sieht er, dass sein Einsatz honoriert wird, dass es sich lohnt, vom Tag nach Totensonntag bis Silvester täglich von 9 bis 22 Uhr in der Hütte zu stehen. »Es macht Spaß – immer!«, bekräftigt er. Das liegt unter anderem daran, dass es nie zu Randale kommt. »Ich habe seit jeher darauf geachtet, dass keine Betrunkenen da sind, weil das die Stimmung von allen runterzieht.« Hat einer der Gäste zu tief ins Glas geschaut, verweist ihn Frings des Platzes. Ruhig, wie es seine

Art ist, aber bestimmt. Genauso freundlich, doch unnachgiebig achtet er darauf, dass kein Alkohol an Jugendliche ausgeschenkt wird.

Es hat sich vieles verändert, seit er 1997 das erste Mal seine selbst gebaute Hütte in der Breiten Straße aufgestellt hat. Das Lichtschauspielhaus und seine beiden Nachbargebäude wurden abgerissen, auf der anderen Seite wurde aus ›Karstadt‹ erst ›Hertie‹ und dann der prominenteste Leerstand der Stadt. »Wir haben gedacht, dass es für uns nicht gut ist, wenn das Kaufhaus schließt«, erklärt Frings. »Aber es hat sich nicht negativ ausgewirkt. Das Geschäft läuft völlig unabhängig vom Kundenstrom. Die Leute kommen zu uns, weil sie sich treffen und ihren Glühwein trinken wollen.« Und sie kommen, weil alle gleich behandelt werden – egal, ob sie einen ›Eisbrecher‹ trinken oder einen Kakao, ob sie eine Waffel essen oder sich am Nachbarstand bei Dirk Wilcke eine Wurst zum Glühwein holen. Inzwischen sind Itzehoer, die früher nach der Schule den Stand besuchten, mit ihren eigenen Kindern da. »Man merkt, wie die Generationen wechseln«, sagt der Budenbesitzer. Und damit auch die Geschmäcker. Gewöhnlicher Glühwein wird weniger nachgefragt, dafür ist jetzt Fruchtpunsch mit Heidelbeer-, Kirsch- oder Apfel-Zimt-Geschmack der Renner.

Obwohl er den Rest des Jahres mit seinem Party- und Veranstaltungsservice mit anderen Aufgaben beschäftigt ist – auf die Weihnachtshütte möchte Werner Frings nicht verzichten. Seine Tochter hilft mit und er hofft, dass sie den Stand eines Tages übernimmt. Damit die Weihnachtsstimmung in Itzehoe auch künftig nicht mit Schneegestöber oder Kerzenlicht beginnt – sondern mit dem ersten Glühwein in der Breiten Straße bei Frings.

GLÜHWEINSTAND FRINGS
AUF DEM WEIHNACHTSMARKT
BREITE STRASSE 21
25524 ITZEHOE

Aufruf zur Gemeinsamkeit

Martin Kayenburg im Familienzentrum St. Ansgar

Er saß auf Chefsesseln und in Aufsichtsräten, wirkte im Vorstand von Verbänden und Vereinen mit, war schleswig-holsteinischer Landtagspräsident: Martin Kayenburg hat alle Karrierestufen hinter sich. Er könnte sich zurücklehnen und den Ruhestand genießen. Niemand würde es ihm übel nehmen – nur er selbst. Einfach zuschauen, passiv bleiben, das kommt für den über 70-Jährigen nicht infrage. Kayenburg sieht es als seine Bürgerpflicht an, sich einzubringen. Er tut es an verschiedenen Stellen, vor allem aber im Familienzentrum der katholischen St.-Ansgar-Gemeinde am Coriansberg. Als Kuratoriumsvorsitzender ist er für die inhaltliche Ausgestaltung des Hauses zuständig, das im Sommer 2013 eingeweiht wurde und neben einem Ort der Begegnung auch Beratungsangebote umfasst.

»Wenn ich mich engagiere, sehe ich das als ein Stück Verantwortung an. Ich kann zeigen: Aus dieser Stadt kann man was machen«, erklärt Kayenburg. »Mich reizt das große Potenzial, das der Ort hat.« Der gebürtige Bochumer lebt seit 1972 in Itzehoe. In den letzten 25 Jahren habe die Attraktivität abgenommen, bedauert er, doch das müsse nicht so bleiben – es müssten nur alle daran mitarbeiten, dass es sich ändert. »*Wir* sind gefordert. Die Menschen müssen dazu gebracht werden, sich einzubringen, Verantwortung zu übernehmen.« Und diejenigen, die das bereits tun, müssten es noch deutlicher zeigen, ein strahlendes Vorbild sein. Er selbst bringe sich beim Familienzentrum ein, weil es in einem kritischen, entwicklungsfähigen Bereich der Stadt liege. Das Gebiet ›Östlich der Hindenburgstraße‹ gilt als Problemviertel. Viele Gebäude und Straßen sind sanierungsbedürftig, die Gegend bietet wenig Freizeit- und Erholungswert, der Anteil sozial schwacher Familien ist höher als anderswo in Itzehoe. »Aber auch dort gilt: Man kann etwas draus machen«, betont Martin Kayenburg. Eine Umgestaltung des Quartiers ist geplant, das Familienzentrum fügt sich nahtlos ein. Sein Konzept umfasst fünf Bereiche: Beratung, Betreuung, Bildung, Begegnung und Seelsorge. Es versteht sich als Anlaufstelle für den gesamten Stadtteil, nicht nur für die katholische Gemeinde.

Das Caritashaus St. Josef ist ein Teil des architektonischen Ensembles am Familienzentrum

»Wir wollen ein niedrigschwelliges Angebot bieten, einen Ort der Begegnung schaffen für unterschiedliche Gruppen, Konfessionen und Nationalitäten«, erklärt der frühere Landtagspräsident. Kinderhort, Schuldner-, Ehe- und Migrationsberatung gehören genauso dazu wie die Möglichkeit, sich einfach zu treffen und auszutauschen.

Es brauche mehr solcher Kristallisationspunkte in Itzehoe, meint Kayenburg. Sein Appell: »Leute, dort wo ihr eine Chance seht, die Stadt liebens- und lebenswert zu machen, müsst ihr euch einbringen!« An vielen Stellen passiere das schon. »Es ist großartig, dass sich immer mehr Ehrenamt hier findet«, freut er sich. Das Spektrum reiche von der Initiative ›Störauf‹ über Mentoren für die Leseförderung bis zum Stadtmarketing. Ebenso seien die Kunsthandwerkermärkte toll. »Das sind alles kleine Mosaiksteinchen. Die muss man ein bisschen aufpolieren, zum Glänzen bringen und ein Gesamtbild daraus machen – das kann ausstrahlen und zeigen: Es lohnt sich, etwas für Itzehoe zu tun.« Es gebe viele Punkte, an denen angesetzt werden könne, nicht zuletzt bei der Kultur. »Wo ist im Sommer eigentlich ein Treffpunkt, wo man stehen und klönen kann wie im Winter beim Glühweinstand? Wo ist die Galerie?«, fragt Martin Kayenburg. »Es ist wichtig, mit offenen Augen durch die Stadt zu gehen und die Möglichkeiten zu erkennen.«

Doch vorangehen könne es nur, wenn es ein Miteinander gibt. Und das vermisst Kayenburg insbesondere in der Politik. Er hat selbst im Kreistag mitgewirkt, saß von 1992 bis 2009 im Landtag, dessen Präsident er ab 2005 war. Es sei für ihn immer wichtig gewesen, moderierend zu wirken, erklärt er. In Itzehoe werde zu sehr gegeneinander gearbeitet, viele der Handelnden hätten zu sehr ihr Amt im Blick und zu wenig ihre Aufgabe. Diese müsse in den Mittelpunkt rücken. Es müsse dafür gesorgt werden, dass Itzehoe wieder zu einer attraktiven Einkaufsstadt wird. »Wenn das gelingt, gibt es eine riesige Chance, alle Potenziale zu wecken, die hier schlummern.«

Wer etwas bewegen wolle, sei auch dazu aufgerufen, Verantwortung in politischen Gremien zu übernehmen. »Politik muss nicht wegen des Drucks von außen Dinge tun, sondern aus innerer Überzeugung«, betont der frühere Landtagspräsident. Genau das habe ihn bewogen, für die CDU in der Kreispolitik mitzuwirken, als er noch zur Führungsriege der ›Alsen‹-Zementwerke und der ›Holcim AG‹ gehörte. »Ich habe gesehen, dass es für die Firma von Bedeutung sein könnte.« Für das Engagement auf Landesebene sei die Barschel-Affäre 1987 ausschlaggebend gewesen. »Es kann nicht sein, dass eine ganze Partei unter den Fehlern eines Einzelnen so leidet und in Verruf gerät«, betont Kayenburg. Damals wollte er seinen Teil dazu beitragen, die Partei wieder zu stärken. »Wenn man derart an die Sache herangeht, kann man was draus machen.« Das gelte für das Land im Großen, für das Familienzentrum im Kleinen – »und das gilt auch für die Stadt«.

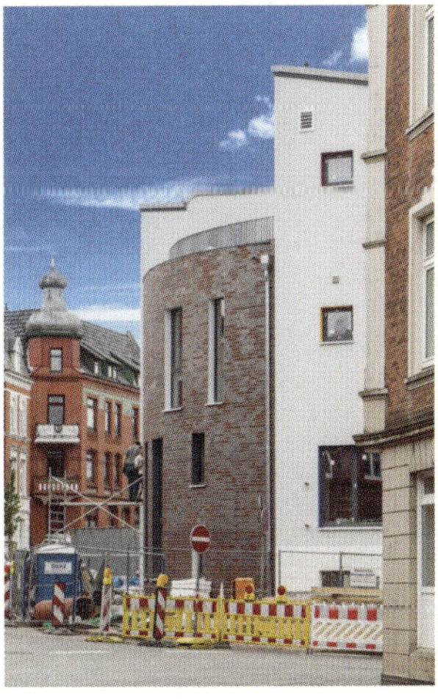

FAMILIENZENTRUM ST. ANSGAR
CORIANSBERG 18 – 20
25524 ITZEHOE
WWW.FAMILIENZENTRUM.ST-ANSGAR-ITZEHOE.DE

27
9
18
35
4
2
36
29
22
6
38
28
21
17
5
3
Itzehoe
Breitenburg
Münsterdorf
Nordoe
N
W
O
S

Itzehoe Innenstadt

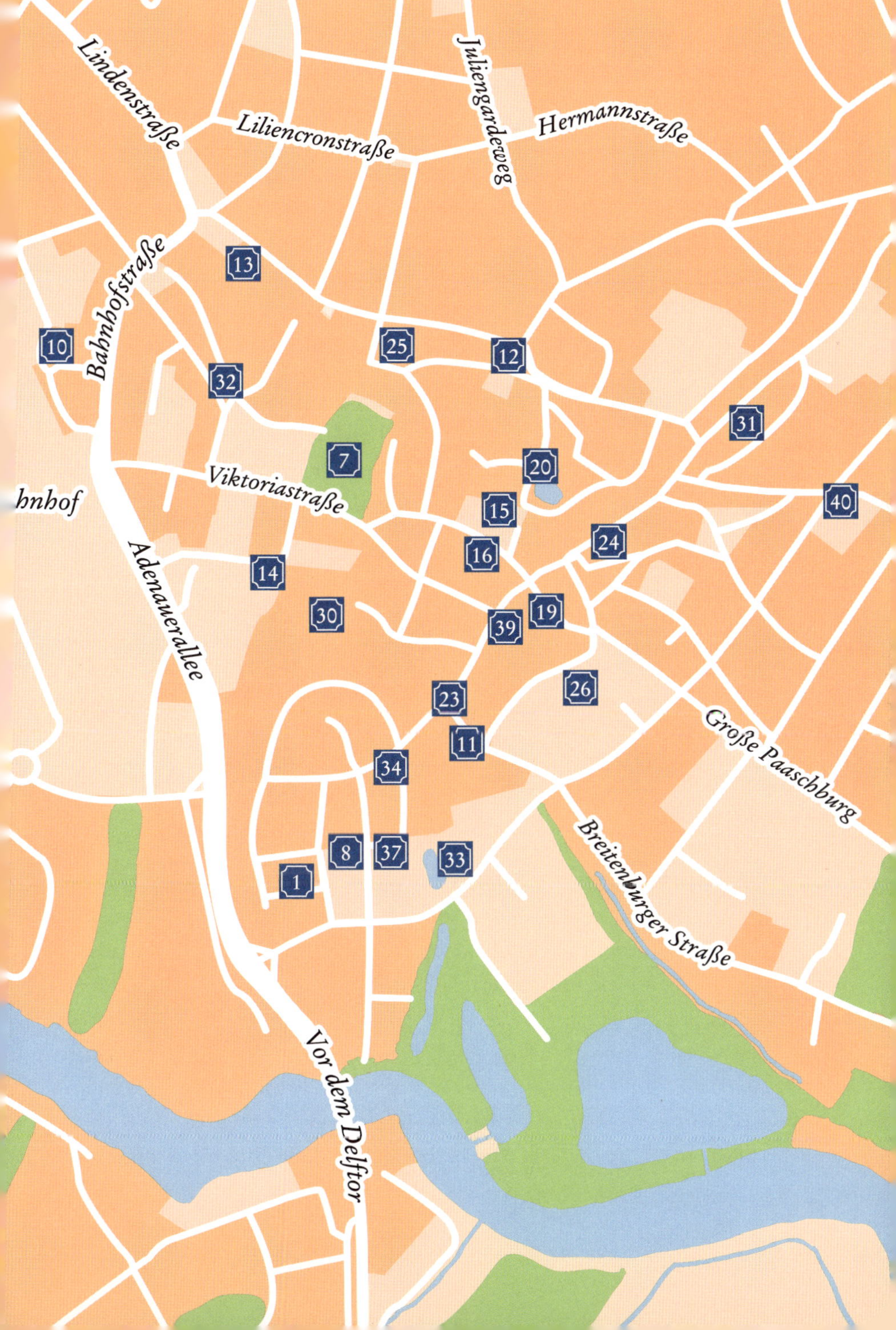

Bildverzeichnis

Sofern hier nicht erwähnt, stammen alle Bilder von Michael Ruff.

Mit freundlicher Genehmigung des Kreis- und Stadtarchivs Itzehoe 14; mit freundlicher Genehmigung der HOLCIM (Deutschland) AG 20; Michael Ruff, mit freundlicher Genehmigung der Stadt Itzehoe 38, 40; privat, mit freundlicher Genehmigung von Saim Krasniqi 54; Michael Ruff, mit freundlicher Genehmigung des Kreis- und Stadtarchivs Itzehoe 120; Michael Ruff, mit freundlicher Genehmigung des theater itzehoe 138; Michael Ruff, mit freundlicher Genehmigung der Herzog-Friedrich-Loge 146, 148; Michael Ruff, mit freundlicher Genehmigung des Kulturhofs 164; mit freundlicher Genehmigung der Wenzel-Hablik-Stiftung Itzehoe 166; mit freundlicher Genehmigung von Sönke Wurr 167

Quellenverzeichnis

Beitrag 3 – Gustav Ludwig Alsen:
Arbeitskreis Itzehoer Geschichte (Hg.): Alsen'sche Portland-Cement-Fabrik Itzehoe, Itzehoe 2011
Alsen'sche Portland-Cement-Fabriken KG (Hg.): 100 Jahre Alsen. 1863 – 1963, Festschrift, Hamburg 1963

Beitrag 26 – Prinzessin Juliane:
Eike von Hacht: Juliane Prinzessin zu Hessen-Kassel (1773–1860), Äbtissin des Adeligen Klosters Itzehoe, Itzehoe Arbeitskreis Itzehoer Geschichte 2008

Beitrag 37 – Wenzel Hablik:
Michael Ruff: Wenzel Hablik in Itzehoe, 1907 bis 1934, DVD, Itzehoe 2007

Lieber Leser, wenn Sie ein Feedback zum Buch geben möchten, bitte schreiben Sie uns!
Autor und Verlag freuen sich über Ihre Rückmeldung.

stadtgespraeche@gmeiner-verlag.de

Mit Stadtporträts die Heimat neu entdecken!

Was macht eine Stadt aus? Die Architektur? Die Sehenswürdigkeiten? Nein, es sind die Menschen, die einer Stadt ihr Gesicht verleihen und sie zu dem machen, was sie ist. Unsere Stadtgespräche stellen diese Menschen und ihre Geschichten in Bild und Wort vor. Originale und Prominente erzählen ebenso wie Leute von nebenan Anekdoten, Kurioses und Überraschendes aus ihrer Heimat. Aus den vielen persönlichen Mosaiksteinchen entsteht ein einzigartiges Porträt der Stadt – bunt, lebendig und menschlich.

WEITERE STADTGESPRÄCHE ERSCHEINEN AUS:

MÜNCHEN KEMPTEN WIEN NEUKÖLLN
MEMMINGEN LEIPZIG ELMSHORN
HAMBURG ERLANGEN FRANKFURT ...

AUF MÖRDERSUCHE IN IHRER NACHBARSCHAFT
GMEINER

ENTDECKEN SIE LIEBLINGSPLÄTZE
IN IHRER NÄHE
N
O
S
GMEINER

»Zwischen den Meeren«

Wer glaubt, nördlich von Hamburg hört Deutschland auf und geht über in plattes Land, stürmische See und tiefste Provinz, kann sich in diesem Buch vom Gegenteil überzeugen. Nicht nur kulinarisch bietet das Land zwischen Deutschland und Dänemark viele Höhepunkte, auch Landschaft und Kultur faszinieren durch ihren nordischen Charme. Reinhard und Moritz Pelte haben mit Feder und Kamera ein ganz persönliches Bild ihrer Heimat eingefangen. Entstanden ist eine gelungene Mischung aus kulturhistorischen Miniaturen, Erlebnisberichten, Kurzporträts von Land und Leuten sowie Präsentationen von Restaurants und Hotels.

Reinhard Pelte
Zwischen Nord- und Ostsee
ISBN 978-3-8392-1160-1

LIEBLINGSPLÄTZE FINDEN SIE ÜBERALL!

☞ Liebevoll ausgestattete Reiselesebücher mit individuellen Tipps, die Lust aufs Entdecken und mehr machen.

ISBN 978-3-8392-1160-1

ISBN 978-3-8392-1256-1

ISBN 978-3-8392-1170-0

ISBN 978-3-8392-1253-0

ISBN 978-3-8392-1154-0

ISBN 978-3-8392-1361-2